최적의 매매 타이밍을 잡아내는
주가 차트 읽는 법

최적의 매매 타이밍을 잡아내는

주가 차트 읽는 법

아다치 다케시 지음 / 이연희 옮김

한국경제신문

개인 투자자의 비밀병기, 주가 차트

주식투자에서 종목을 분석하는 방법으로는 크게 두 가지가 있다. 바로 펀더멘털 분석(기본적 분석)과 테크니컬 분석(기술적 분석)이다. 펀더멘털 분석에 대해서는 전작《주식을 사기 전 최소한 알고 있어야 하는 펀더멘털 투자 교과서》에서 상세히 설명한 바 있다. 이번에는 또 하나의 분석법인 테크니컬 분석에 대해 설명하고자 한다. 그중에서도 테크니컬 분석의 핵심이라 할 수 있는 '주가 차트 분석'에 초점을 맞췄다.

사실 펀더멘털 분석의 세계는 아주 심오하여 파고들면 파고들수록 많은 시간과 노력을 소비하게 된다. 주식투자에서 펀더멘털 분석만으로 만족할 만한 성과를 올릴 수 있다면 가장 이상적이겠지만, 그런 경지에 이르기까지 필요한 공부의 양이나 들어가는 시간과 노력이 상당하다. 이를 고려할 때 개인 투자자가 펀더멘털 분석을 일정 수준으로 해내기는 매우 어렵다.

기관 투자자가 펀더멘털 분석만을 활용하여 자산을 운용할 수 있는 이유는 정확하고 광범위한 조사 기법을 갖추고 있으며 그만큼 많은 시간을 투자할 수 있기 때문이다. 반면 개인 투자자는 펀더멘털 분석만을 근거로 투자했을 때 성과가 잘 나지 않는다. 당연하게도, 기관 투자자와 비교했을 때 분석의 질이 떨어진다는 데 그 원인이 있다. 개인이 기관 투자자와 같은 무대에서 싸우려면 펀더멘털 분석의 질적 격차를 메울 수 있는 무언가가 필요하다. 그 무언가가 바로 '주가 차트를 이용한 분석'이다.

이 책은 주가 차트 분석의 친절한 안내서다. 주가 차트를 자유자재로 활용하여 주식투자의 지표로 삼고 싶어 하는 개인 투자자들에게 이 책이 큰 힘이 되리라고 믿는다. 나의 오랜 주식투자 경험을 토대로 실전에서 활용할 수 있는 내용을 여기에 모두 담았다. 기초부터 차근차근 설명하고 실제 사례를 제시하면서 최적의 매매 타이밍을 잡아내는 방법을 다양하게 소개했다.

주식에 투자하는 사람이라면 누구나 펀더멘털 분석으로 종목을 선정하는 한편, 주가 차트를 활용하여 매매 시점을 가늠하는 전략을 구사할 수 있어야 한다. 그러려면 현실적이면서도 실천 가능한 자신만의 투자 스타일을 확립하는 일이 무엇보다도 중요하다.

주가 차트 분석 또한 만만히 볼 영역이 아니다. 하지만 펀더멘털 분석과 비교하면 주가 차트를 활용한 분석이 조금 더 수월한 편이다. 따라서 의지만 있다면 누구나 주가 차트를 마스터할 수 있다. 이 책에서 소개하는 매수·매도 시점만 확실히 익혀도 더 만족할 만한 투자 성과를 올리는 데 도움이 될 것이다. 시뮬레이션도 해보고, 실전에도 활용함으로써 앞으로 혼자서도 꾸준히 수익을 올리는 개인 투자자로 성장하길 기원한다.

차례

5장　특수한 사례별 대처법

6장　인기 종목 진단

7장 실전 주가 추세 분석

왜 주가 차트가 중요한가

개인 투자자가 주식투자에서 성과를 내기 위해서는 주가 차트에 대한 기본 지식이 꼭 필요하다. 그 이유는 무엇일까?

개인 투자자는 '상상'하고 기관 투자자는 '예측'한다

개인 투자자와 기관 투자자는 어떤 점이 다를까? 여러 가지가 있겠지만, 그중에서도 가장 큰 차이는 바로 '정보량'에 있다.

개인 투자자는 기업에 대해 알고 싶을 때 〈회사사계보会社四季報〉(〈도요게이자이〉가 일본 상장기업에 대한 정보를 수록하여 분기별로 발간함-옮긴이), 결산단신決算短信(일본 상장기업이 증권거래소 결산 발표 때 작성하여 제출하는 일반적인 형식의 결산 속보-옮긴이), 유가증권보고서, 기업 홈페이지 등을 참고한다(우리나라의 경우 증권회사에서 상장기업 분석, 종목 분석이라는 형식의 리포트를 발행하고 〈한국경제신문〉에서 《상장·코스닥 기업분석》을 출간함-옮긴이). 즉, 모두에게 공개된 자료라는 뜻이다. 이번 분기와 다음 분기의 실적이 어떻게 될지, 그리고 기업이 앞으로 얼마만큼 성장할지를 공개된 정보를 보고 '상상'할 수밖에 없다. 하지만 그 상상이 늘 현실과 맞아떨어지는 것은 아니다. 일테면 〈회사사계보〉의 실적 잠정치를 바탕으로 앞으로 성장하리라 예상하여 주식을 매수했는데, 정작 뚜껑을 열고 보니 실적이 형편없어 주가가 급락하는 일도 드물지 않다.

반면 기관 투자자는 애널리스트가 기업을 방문하거나 경영자와 직접 인터뷰를 하는 등 여러 가지 방법을 통해 독자적으로 기업 정보를 수집한다. 이를 분석하여 기업이 내놓은 실적 잠정치와 실제 현황 간의 차이를 파악하고, 기업 측이 실적 잠정치를 공개적으로 수정하는 것보다 한발 앞서 적절한 행동을 취한다. 더불어 업계를 둘러싼 환경의 변화와 각 기업의 중장기적 잠재 성장력을 분석하여 현재 주가가 기업 가치보다 낮다고 판단되면 지금 당장은 실적이 좋지 않을지라도 주식을 매수하기도 한다.

즉 개인 투자자는 결산단신이나 〈회사사계보〉의 실적 잠정치를 보고 미래의 실적을 상상하고, 기관 투자자는 독자적인 정보와 분석력을 바탕으로 실적을 예측한다고 할 수 있다. 이것이 바로 개인 투자자와 기관 투자자의 결정적 차이다.

또 하나의 결정적 차이는 '종목 분석에 투자하는 시간'이다. 기관 투자자는 종목 분석이 일이니까 얼마든지 시간을 들여서 깊이 있는 분석을 할 수 있다. 하지만 개인 투자자는 대부분 낮에는 일을 하는 직장인이므로 종목 분석에 들이는 시간이 제한적일 수밖에 없다. 이런 이유로 특히 실적 등에 대한 펀더멘털 분석 분야에서는 개인 투자자가 아무리 노력해도 기관 투자자를 따라갈 수 없다.

물론 펀더멘털 분석을 경시해도 된다는 말이 아니다. 기본적으로 펀더멘털을 아는 것과 모르는 것은 투자 성적에 큰 차이를 가져온다. 다만 개인 투자자가 펀더멘털 분석 하나만 가지고 전장에 나가는 것은 무척 어려운 일이라는 사실만은 분명하다는 것이다.

실적이 좋은데도 주가가 크게 하락할 수 있다

개인 투자자가 펀더멘털 분석을 기본으로 주식투자를 할 때는 불합리한 상황에 자주 놓이게 된다. 그중 대표적인 경우가 펀더멘털과 주가의 움직임이 모순되는 상황이다. 이미 경험해본 독자도 많을 것이다.

〈그림 0-1〉을 보자. 이 종목을 A 시점에서 매수하여 B 시점에 매도한다면 매우 큰 이익을 얻을 수 있다. 또는 B 시점에 매도하지 않고 지금까지 보유를 지속한다고 해도 아직은 이익 구간이다. 그런데 이 종목을 B 시점에서 매수한다면 어떻게 될까? B 시점은 아직 실적이 성장하는 도중이기 때문에 펀더멘털 측면에서는 문제가 없는 매수 시기다. 그럼에도 B 시점에서 매수하여 지금까지 계속 보유하고 있다면 주가가 반값 이하로 떨어진 상황이다.

이처럼 아무리 실적이 좋은 기업의 주식일지라도 투자 시점에 따라 성과에 큰 차이가 난다는 것이 주식투자의 어려운 점이다.

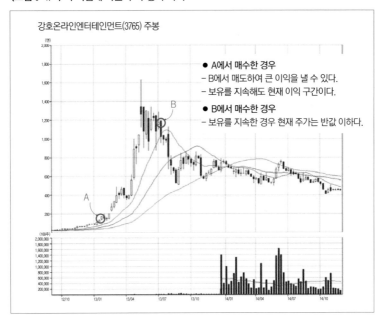

강호온라인엔터테인먼트(3765) 주봉

● A에서 매수한 경우
- B에서 매도하여 큰 이익을 낼 수 있다.
- 보유를 지속해도 현재 이익 구간이다.
● B에서 매수한 경우
- 보유를 지속한 경우 현재 주가는 반값 이하다.

주가 차트는 자신의 예상이 틀릴 수 있다는 걸 알려준다

인간은 누구나 실수를 하며, 주식투자의 세계에서도 마찬가지다. 그런데 주식투자의 무서운 점은 실수를 늦게 깨달을수록 손실이 커진다는 것이다.

펀더멘털 분석에는 특히 개인 투자자가 빠지기 쉬운 함정이 있다. 자신의 분석 결과를 과신하여 주가가 아무리 하락해도 '펀더멘털을 보면 주가가 언젠가는 상승할 것'이라며 보유를 지속하는 것이다. 물론 언젠가 상승할 수도 있지만, 그러지 않을 수도 있다. 만약 후자라면 큰 손해를 피할 수 없다.

이를 보완해주는 것이 주가 차트 분석이다. 차트로 주가의 움직임을 추적하면 자신의 예상이 틀렸을지도 모른다는 사실을 꽤 이른 단계에 깨달을 수 있다. 예를 들어 펀더멘털 분석의 결과 실적이 좋으니 주가 상승은 틀림없다고 예상하여 주식을 샀는데, 바람과 달리 하락을 지속한다고 해보자. 자신의 예상(펀더멘털)과 주가(실제 흐름) 간의 모순이 생긴 상황이다. 다시 말해, 예상과 주가 중 한쪽이 틀린 것이다. 이럴 때 자신의 판단을 과신하지 않고 항상 겸허한 자세를 갖는 것이 큰 실패를 피하는 데 중요하다. '내 예상이 절대적으로 맞다. 주가가 하락하는 것이 이상하다'라고 고집부리는 것이 아니라 '혹시 내 예상이 틀린 것은 아닐까?'라고 생각해야 한다. '시세는 시세에게 물어라'라는 유명한 투자 격언도 있지 않은가. 차트를 보고 주가의 흐름을 확인하면서 펀더멘털과 반대로 가는 추세임을 확인했다면 시세가 옳다고 판단하고 빨리 매도해야 한다. 그렇게 하면 주가 하락의 초기 단계에 매도하여 손실을 최소화할 수 있다. 그런 다음 주가가 실제로 크게 하락했다면 자신의 예상이 틀렸음을 알려준 차트에 감사해야 한다.

물론 하락하는 상황이 이상하고 자신의 예상이 맞는 경우도 있다. 이럴 때는 주가가 하락을 멈추고 상승으로 전환된 것을 확인한 후 사면 된다. 가장 중요한 것은 '큰 손실을 피하는 것'이기 때문이다.

주가 차트를 보면 기관 투자자의 행동이 보인다

테크니컬 분석에 비판적인 전문가는 "주가 차트는 주가의 과거 움직임을 나타낸 것에 지나지 않으므로 주가의 미래 움직임을 예측할 수 없다"라고 지적한다. 하지만 나는 그 지적이 옳지 않다고 단언할 수 있다. 나를 비롯해 많은 개인 투자자가 주가 차트를 활용하여 수익을 냈고, 현재도 내고 있기 때문이다. 2012년 11월 중순 이후 아베노믹스 시기는 물론, 심지어 장기 침체가 지속되던 지난 시기의 일본 주식시장에서도 마찬가지였다.

1장에서 설명하겠지만 주가에는 '추세'가 있다. 일단 주가가 상승 또는 하락으로 방향을 잡으면, 그 방향성을 비교적 장기간 유지한다. 나는 그 추세의 초기 움직임을 만드는 것이 기관 투자자라고 생각한다.

〈그림 0-2〉를 보자. 우선 일부 기관 투자자가 펀더멘털을 분석하여 저가 상태라고 판단되는 기업의 주식을 산다. 그 결과 주가가 조금 상승한다.

같은 생각을 하는 기관 투자자가 많아지면 매수 수요가 증가하여 주가는 더욱 상승한다. 그리고 주가가 어느 정도 상승하면 그 기업에 관심을 갖고 있지 않던 기관 투자자나 개인 투자자들이 몰려들면서 주가가 더욱 크게 상승한다.

기관 투자자가 움직이는 자금 규모가 크기 때문에 개인 투자자는 사고 싶은 주식이 있어도 한 번에 사기는 어렵다. 매일 조금씩 매수하여 1개월, 3개월 등 시간을 두고 필요한 수량을 사 모은다. 그러면 매수 수요가 지금까지보다 증가하게 되므로 주가는 조금씩 상승한다. 그리고 같은 행동을 하는 기관 투자자가 많아지면 많아질수록 이 움직임은 현저해진다. 그 결과 주가의 상승이 비교적 장기간 지속되는 것이다.

그러므로 주가 추세의 변화에 주목하면 〈그림 0-2〉의 ★ 지점처럼 기관 투자자와 비슷하거나 그보다 조금 이른 시점에 주식을 살 수 있다.

주식투자는 주식을 '매수 → 보유 → 매도'하는 순환 과정이다. 그러므로 '어떤 종목을 사는가'도 중요하지만 '언제 사고 언제 팔 것인가'

〈그림 0-2〉 주가가 방향성을 가지는 이유

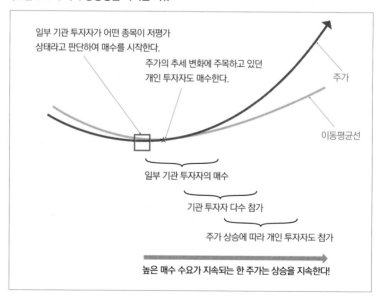

일부 기관 투자자가 어떤 종목이 저평가 상태라고 판단하여 매수를 시작한다.

주가의 추세 변화에 주목하고 있던 개인 투자자도 매수한다.

주가

이동평균선

일부 기관 투자자의 매수

기관 투자자 다수 참가

주가 상승에 따라 개인 투자자도 참가

높은 매수 수요가 지속되는 한 주가는 상승을 지속한다!

도 그 못지않게 중요하다. 아무런 규칙도 정하지 않고 적당한 시점에 매수한다면 투자가 제대로 되지 않을 뿐 아니라 주식시장의 급격한 움직임에 농락당해 큰 손실을 입을 수도 있다.

주식시장의 상황이 어떻든 실행할 수 있는 객관적이고 효과적인 매수 규칙이 절대적으로 필요하다. 매수 규칙을 세우는 방법 중 하나가 이 책에서 설명하는 '주가 추세 분석'이다. 바로, 〈그림 0-2〉의 ★ 지점에서 매수하려면 반드시 익혀야 하는 분석 방법이다.

1
장

주가 차트의 구조

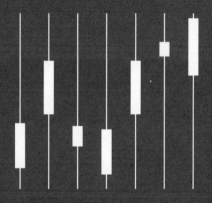

주가 차트를 구성하는 세 가지 요소:
봉, 이동평균선, 거래량

우선, 일반적으로 사용하는 주가 차트를 살펴보자. 증권회사 홈페이

지나 주가 정보 사이트를 방문하면 〈그림 1-1〉과 같은 모양의 차트를

〈그림 1-1〉 일반적인 주가 차트

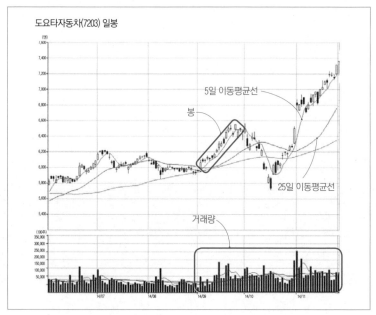

볼 수 있다.

일반적인 주가 차트에는 주로 다음 세 가지가 표시되어 있다.

> ① 봉(또는 캔들)
> ② 이동평균선
> ③ 거래량

① 봉은 주식 가격의 변동을 나타낸다. 일반적으로 1일, 1주일, 1개월 등 일정 기간의 주가 변동을 1개의 봉에 표시하며 기간이 이어짐에 따라 봉이 나란히 서 있는 형태가 된다. 하나의 봉이 나타내는 기간이 1일일 경우 일봉차트, 1주일이면 주봉차트, 1개월이면 월봉차트라고 한다.

② 이동평균선은 주가의 대략적인 방향성을 나타내는 꺾은선그래프다. 일정 기간의 주가 평균치를 보여주는 것으로 그 기간의 길이에 따라 5일 이동평균선, 5주 이동평균선, 5개월 이동평균선 식으로 다양하게 설정할 수 있다.

③ 거래량은 일정 기간 매도·매수가 일어난 주식의 수를 나타낸 막대그래프다. 막대의 길이가 길수록 거래량이 많다는 것을 의미한다.

주가 차트를 이용한 분석에서는 주로 ① 봉과 ② 이동평균선을 사용한다. 1장에서는 이들의 의미와 기본적인 사용법을 중심으로 설명할 예정이다. ③의 거래량은 주가 차트 분석과 직접적인 관계는 없으나 분석의 유효성을 높이기 위해 활용할 수 있다. 거래량에 대해서는 4장에서 다룬다.

특정 시간단위의
주가 움직임을 알려주는 '봉'

먼저 주가 차트를 보는 데 필요한 기초용어인 시가, 고가, 저가, 종가에 대해 알아보자.

> 시가: 특정 기간 거래를 시작한 시점의 가격

> 고가: 특정 기간 이뤄진 거래에서 가장 높은 가격

> 저가: 특정 기간 이뤄진 거래에서 가장 낮은 가격

> 종가: 특정 기간 거래를 마무리한 시점의 가격

〈그림 1-2〉는 어떤 날 하루의 주가 변동을 나타낸다.

먼저 A의 왼쪽 그래프를 보자. ⓐ는 당일 처음 거래된 주가로, 이를 '시가'라고 한다. ⓑ는 하루 중 최고로 낮았던 주가로 '저가'라고 부르며, ⓒ는 하루 중 최고로 높았던 주가로 '고가'라고 한다. 하루 중 마지막으로 거래된 주가 ⓓ는 '종가'라고 한다.

〈그림 1-2〉일봉상 시가 · 고가 · 저가 · 종가, 그리고 봉

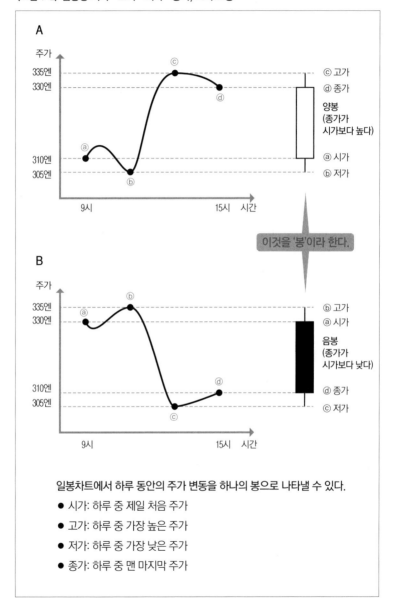

일봉차트에서 하루 동안의 주가 변동을 하나의 봉으로 나타낼 수 있다.

● 시가: 하루 중 제일 처음 주가

● 고가: 하루 중 가장 높은 주가

● 저가: 하루 중 가장 낮은 주가

● 종가: 하루 중 맨 마지막 주가

마찬가지 의미로, B의 왼쪽 그래프는 ⓐ가 시가, ⓑ가 고가, ⓒ가 저가, ⓓ가 종가다.

오른쪽에 있는 그림은 '봉'이라 하며, ⓐ에서 ⓓ까지의 하루 주가 이동을 간결하게 나타낸 것이다.

A와 B 오른쪽에 있는 2개의 봉으로는 다음과 같은 사실을 추측할 수 있다.

A는 거래 시작(310엔) 이후 시가보다 조금 하락(305엔)하다가 크게 상승하여 고가를 기록(335엔)하고, 고가보다 약간 하락(330엔)한 상태로 마감했다. B는 거래 시작(330엔) 이후 시가보다 약간 상승(335엔)하다가 크게 하락하여 저가를 기록(305엔)하고, 저가보다 약간 상승한 상태(310엔)로 마감했다.

그러면 다시 〈그림 1-1〉의 차트를 한번 보자. 〈그림 1-2〉에서 설명한 봉(또는 캔들)이 연달아 이어져 주가 차트를 만들었다는 것을 알 수 있다. 주가 차트를 '봉차트' 또는 '캔들차트'라고 부르는 이유도 이것이다.

봉이 아니라 선으로 나타내는 주가 차트도 있다. 이를 '라인차트'라 하며, 용도에 따라 달라질 수 있으나 주로 종가를 표시하도록 설정한다. 야후파이낸스를 보면 이 형식의 차트가 게재되어 있다. 그것만으로도 주가의 변동과 방향성을 볼 수 있긴 하지만 봉차트 쪽이 더 많은 정보를 얻을 수 있다. 그래서 증권회사나 투자 정보 사이트에서는 일반적으로 봉차트를 사용한다.

봉차트를 그리는 법에는 규칙이 있다. 〈그림 1-3〉을 통해 그 규칙을 익혀보자.

봉차트에서 봉을 자세히 보면 흰색 또는 검은색 상자가 있다. 이 상자를 '몸통'이라고 한다. 몸통이 흰색이면 '종가가 시가보다 높다'라는 의미이며 '양봉'이라고 한다. 반대로 몸통이 검은색이면 '종가가 시가보다 낮다'라는 의미이며, '음봉'이라고 한다.

이 몸통은 다른 색깔로 표시되기도 한다. 흑백일 때는 검은색이 음봉이고 흰색이 양봉을 뜻하는데, 파란색으로 음봉을 나타내고 빨간색으로 양봉을 나타내기도 한다(미국에서는 봉을 칼라로 표시할 때 파란색이 양봉, 빨간색이 음봉을 뜻하는 게 보통이다-옮긴이).

더불어 상자 윗부분과 아랫부분에는 얇은 선이 튀어나와 있다. 이 얇은 선을 '꼬리(또는 수염)'라고 한다. 몸통을 기준으로 위로 튀어나온

〈그림 1-3〉 봉의 구성 요소

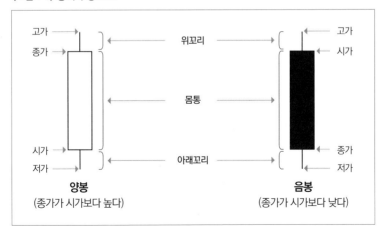

것을 '위꼬리', 아래로 튀어나온 것을 '아래꼬리'라고 한다.

즉, 봉은 흰색 또는 검은색의 몸통과 위아래로 튀어나온 꼬리로 구성된다.

몸통이 흰색(양봉)인 경우, 몸통의 제일 아랫부분이 '시가'를 나타낸다. 몸통의 제일 윗부분이 '종가'다. 그리고 위꼬리의 끝이 '고가', 아래꼬리의 끝이 '저가'다. 몸통이 검은색(음봉)인 경우에는 몸통의 제일 윗부분이 '시가', 아랫부분이 '종가', 위꼬리의 끝부분이 '고가', 아래꼬리의 끝부분이 '저가'가 된다.

다시 〈그림 1-2〉의 오른쪽에 그려진 봉을 보자. A는 종가가 시가보다 높으므로 양봉이다. B는 반대로 종가가 시가보다 낮으므로 음봉이다.

시가와 종가는 몸통의 색깔에 따라 위치가 반대다. 즉 양봉이면 몸통 부분의 최상부가 종가이고 최하부가 시가이며, 음봉이면 몸통의 최상부가 시가이고 최하부가 종가다. 이에 비해 꼬리는 몸통의 색깔과 관계가 없다. 양봉, 음봉 어느 것이든 위꼬리의 끝부분이 고가, 아래꼬리의 끝부분이 저가다.

시가와 종가의 가격 차이가 작으면 몸통 부분이 짧아지며 시가와 종가의 가격 차이가 커지면 몸통 부분이 길어진다. 가격 변화에 따라 꼬리가 없거나 몸통이 없는 경우도 있다.

〈그림 1-4〉를 보자. 양봉이며 시가와 저가가 같거나, 음봉이며 종가와 저가가 같은 경우에는 아래꼬리가 없다. 그리고 양봉에서 종가

와 고가가 같은 경우와 음봉에서 시가와 고가가 같을 경우 위꼬리가
없다. 또 시가와 종가가 같은 경우에는 몸통이 없이 가로선으로 표시
된다. 더 나아가 시가, 고가, 저가, 종가가 모두 같으면 몸통뿐 아니라
꼬리도 없기 때문에 가로선 하나뿐인 봉이 된다.

⟨그림 1-4⟩ 꼬리나 몸통이 없는 봉의 사례

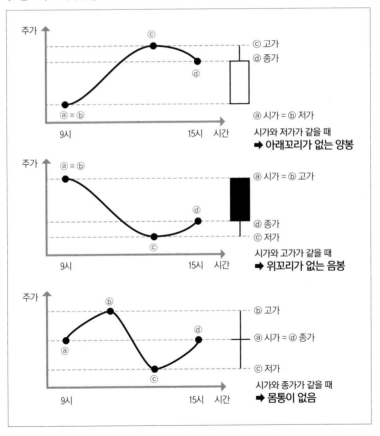

특정 종목 매수자들의
매수가 평균치를 알려주는 '이동평균선'

이동평균선이란 과거의 특정 기간(5일, 25일 등)에 따른 주가(종가)의 평균치를 묶은 꺾은선그래프를 말한다.

5일 이동평균선은 당일을 포함하여 과거 5일간 종가를 더하여 5로 나눈 수치를 일일이 묶어 만든다. 13주 이동평균선이라면 해당 주를 포함하여 과거 13주간 매주 말일의 종가를 합산하여 13으로 나눈 수치를 매주 묶어 만든다. 예를 들어 〈그림 1-5〉에서 5일(금)에 대한 주가의 과거 5일간 평균치는 430엔이므로 430엔 지점에 그래프의 점을 표시한다.

이 작업을 매일 계속하면 완만한 선이 완성된다. 이것이 이동평균선이다. 즉, 이동평균선은 '해당 기간 주식 매수자의 평균 매수가'를 나타낸다.

〈그림 1-5〉에는 5일 평균선이 그려져 있다. 예를 들어 5일(금)에는 430엔에 선이 닿아 있는데, 이는 과거 5일 동안 이 주식을 산 사람의 평균 매수가가 430엔이라는 뜻이다.

그렇다고 이런 평균가를 일일이 계산해야 하는 것은 아니다. 사실 얼마에 어느 정도의 수량이 거래됐는지를 알기도 어렵고 말이다. 요즘에는 이런 그래프를 일일이 그릴 필요 없이 손쉽게 구할 수 있다. 주식투자 사이트나 증권회사 홈페이지 등에 게재된 차트에는 이미 다양한 단위의 이동평균선이 그려져 있다. 게재된 이동평균선 외에 자신에게 필요한 단위의 이동평균선을 선택하여 구현할 수도 있으니 걱정할 필요 없다(홈트레이딩 시스템(HTS)에서도 간단히 구현할 수 있다-옮긴이). 단, 이동평균선이 어떤 의미를 나타내는가에 대해서는 확실히 이해하도록 하자.

일반적으로 이동평균선의 주가 집계단위(1일, 1주일, 1개월)와 주가 차트에서 하나의 봉이 표시하는 기간은 같다. 그래서 일봉차트에서는 'ㅇ일 이동평균선', 주봉차트에서는 'ㅇ주 이동평균선', 월봉차트에서는 'ㅇ월 이동평균선'이라고 한다. 예컨대 일봉차트에서는 5일 이동

〈그림 1-5〉 이동평균선이란(예: 5일 이동평균선)

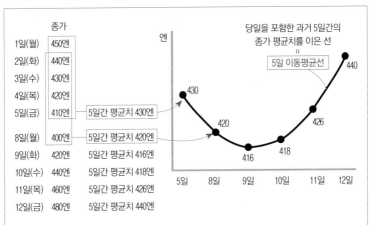

● 25일 이동평균선
당일을 포함한 과거 25일간의 종가 평균치를 매일 이은 선

● 13주 이동평균선
해당 주일을 포함한 과거 13주간의 종가 평균치를 매주 이은 선

평균선이나 25일 이동평균선을 사용하지 5주 이동평균선이나 25주 이동평균선을 사용하진 않는다.

각 단위에서 일반적으로 사용하는 이동평균선의 조합은 다음과 같다.

> 일봉차트: 5일, 25일, 75일 등
> 주봉차트: 13주, 26주, 52주 등
> 월봉차트: 12개월, 24개월 등

주가의 방향성을 알려주는 '추세'

차트를 보면 알 수 있듯이 주가는 상하로 움직임을 반복하지만 어느 정도 기간에는 일정 방향으로 움직이는 습성이 있다. 특정 기간에 계속해서 나타나는 주가의 방향성을 '추세'라고 한다. 일단 추세가 위로 형성되면 한동안은 상승이 지속되며, 추세가 아래로 형성되면 한동안 하락이 계속된다. 위로 향한 추세를 '상승 추세', 아래로 향한 추세를 '하락 추세'라고 한다.

상승 추세가 지속되면 보유 주식을 그대로 유지하면 되지만, 하락 추세에 들어서면 보유 주식을 빨리 팔아야 한다. 그러지 않으면 주가가 계속해서 낮아져 손실을 볼 위험성이 커진다. 이 때문에 주가 추세를 아는 것은 무척 중요하다.

하지만 추세를 판단하는 것은 간단한 일이 아니다. 상승을 지속하는 와중에 주가가 조금 내려간다고 할 때 과연 상승 추세가 지속될 것인지, 아니면 하락 추세로 전환될 것인지 판단하기가 어렵다는 얘기다.

〈그림 1-6〉의 A를 보자. 확실히 주가는 상승 기조를 보이는 것 같지만 ❶~❹ 국면에서 상승 추세가 지속될지 끝날지를 판단하기는 불가능하다. 하지만 주가 차트에 '어떤 것'을 추가하면 주가 추세를 파악하기 쉬워진다. 바로, 앞서 소개한 '이동평균선'이다.

주가는 지그재그를 그리며 움직이는데 작은 파도의 움직임까지 파악하려고 하면 장기적인 시선으로 상승, 하락의 큰 흐름을 파악하지 못하게 된다. 그런데 이동평균선을 활용하면 작은 파도의 움직임을 무시하고 어느 정도 큰 파도의 움직임만 걸러내 주가의 방향성을 주시할 수 있다.

즉 이동평균선이 위를 향하면 상승 추세라고 판단할 수 있다. 과거와 비교할 때 현재 주가의 평균치가 높다는 것을 나타내기 때문이다. 반대로 이동평균선이 아래를 향하면 하락 추세라고 판단할 수 있다. 과거와 비교할 때 현재 주가의 평균치가 낮다는 것을 나타내기 때문이다.

〈그림 1-6〉 추세 판단을 돕는 이동평균선

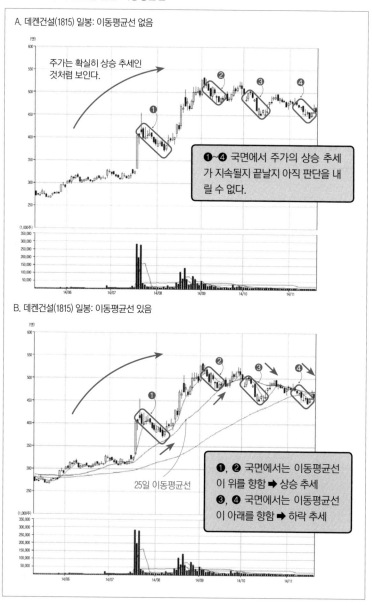

A. 데켄건설(1815) 일봉: 이동평균선 없음

주가는 확실히 상승 추세인 것처럼 보인다.

❶~❹ 국면에서 주가의 상승 추세가 지속될지 끝날지 아직 판단을 내릴 수 없다.

B. 데켄건설(1815) 일봉: 이동평균선 있음

25일 이동평균선

❶, ❷ 국면에서는 이동평균선이 위를 향함 ➡ 상승 추세
❸, ❹ 국면에서는 이동평균선이 아래를 향함 ➡ 하락 추세

주가 차트와 이동평균선으로 추세를 파악한다

지금까지 주가 추세를 파악하는 것이 중요하며, 추세를 파악하기 위해서는 주가 차트와 이동평균선을 이용하는 것이 유용하다고 설명했다. 주가 차트와 이동평균선 두 가지를 사용하여 추세를 판별하고, 그것을 근거로 매매 시기를 파악하는 방법을 '주가 추세 분석'이라고 한다. 이 책의 기본적인 콘셉트가 바로 그것이다.

2장부터는 주가 추세 분석에 따른 매도 시기, 매수 시기를 자세히 설명할 것이다. 여기에서는 우선 추세 판별 방법을 소개하겠다.

주가 추세는 '주가와 이동평균선 간의 위치 관계'와 '이동평균선의 방향'으로 판단한다. 그 두 가지 조합에 따라 다음과 같은 네 가지 패턴을 생각할 수 있다. 〈그림 1-7〉을 보자.

❶의 상태를 '상승 추세'라고 한다. 주가가 상승하는 것을 나타낸다. ❷의 상태를 '하락 추세'라고 한다. 주가가 하락하는 것을 나타낸다. ❸과 ❹는 모호한 상태다. 이후 주가 변동 추이에 따라 상승, 하락 어느 쪽 추세든 될 수 있기 때문이다. ❸은 하락 추세 도중 일시적으로 반등한 결과 주가가 이동평균선 위로 올라선 상태다. 여기에서 다시 하락하면 ❷의 하락 추세로 돌아가지만, 그대로 상승을 지속한다면 머지않아 상승 추세로 전환될 가능성이 있다. ❹는 상승 추세 도중 크게 하락하여 주가가 이동평균선 아래로 내려선 상태다. 여기에서 반등하여 주가가 다시 이동평균선을 넘어선다면 ❶의 상승 추세를 지

〈그림 1-7〉 주가 추세의 네 가지 패턴

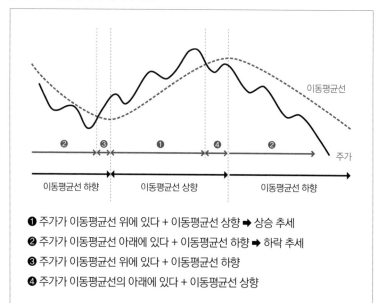

- ❶ 주가가 이동평균선 위에 있다 + 이동평균선 상향 ➡ 상승 추세
- ❷ 주가가 이동평균선 아래에 있다 + 이동평균선 하향 ➡ 하락 추세
- ❸ 주가가 이동평균선 위에 있다 + 이동평균선 하향
- ❹ 주가가 이동평균선의 아래에 있다 + 이동평균선 상향

속할 것이다. 하지만 반등하지 않고 하락을 이어간다면 ❷의 하락 추세로 돌아설 가능성이 있다.

그러면 실제 주가 차트를 통해 확인해보자. 〈그림 1-8〉을 보면서 주가와 이동평균선 간 관계에서 ❶~❹의 패턴 중 어느 것을 그릴지 예상해보자.

주가 차트를 보면 ❶(상승 추세)과 ❷(하락 추세)의 상태는 명확하게 드러나므로 ❸과 ❹를 살펴보자.

우선 ⓐ의 구간은 그 직전 ❷의 하락 추세에서 전환되어 주가가 일시적으로 하향 이동평균선을 넘어선 상태다. 이대로 주가의 상승이 지속되면 여기에서 25일 이동평균선도 위쪽으로 방향을 바꿔 ❶을 이어갈 것이다. 하지만 실제로는 주가가 이후 상승 동력을 잃고 이동평균선 아래로 떨어져 결국 다시 ❷의 하락 추세로 돌아갔다.

ⓑ와 ⓓ의 구간은 모두 직전 ❷의 하락 추세이지만 ⓐ와 달리 이후 주가가 상승했다. 이후 25일 이동평균선이 상향으로 전환되어 ❶의

〈그림 1-8〉 주가 추세의 네 가지 패턴 판별

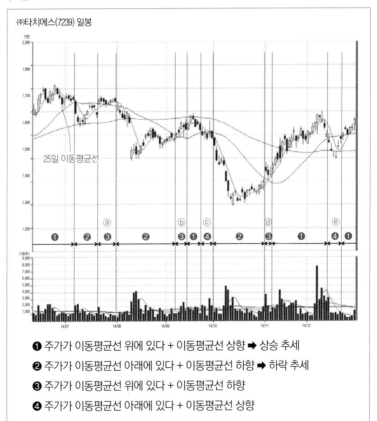

❶ 주가가 이동평균선 위에 있다 + 이동평균선 상향 ➡ 상승 추세
❷ 주가가 이동평균선 아래에 있다 + 이동평균선 하향 ➡ 하락 추세
❸ 주가가 이동평균선 위에 있다 + 이동평균선 하향
❹ 주가가 이동평균선 아래에 있다 + 이동평균선 상향

상승 추세로 돌아선 것을 알 수 있다.

또한 ⓒ의 구간은 직전에는 ❶의 상승 추세였지만 주가가 25일 이동평균선을 밑돌고 있다. 이동평균선 자체는 아직 상향이기 때문에 지금부터 주가가 다시 상승하여 이동평균선을 넘어선다면 ❶의 상승 추세로 회복할 수 있을 것이다. 그런데 실제로는 주가가 하락하여 25일 이동평균선 밑으로 떨어졌기 때문에 ❷의 하락 추세가 됐다.

ⓔ의 구간도 ⓒ와 같이 직전에는 ❶의 상승 추세였지만 주가가 하락하면서 25일 이동평균선 밑으로 떨어진 상태다. 하지만 다시 상승하여 주가가 이동평균선을 넘었기 때문에 ❶의 상승 추세로 회복됐다.

왜 ❶의 상태가 상승 추세이고 ❷의 상태가 하락 추세일까? 이동평균선의 의미부터 생각해보자.

앞서 이동평균선은 '주식 매수자의 매수 가격 평균치'라고 했다. 주가가 25일 이동평균선보다 위에 있다면 과거 25일 동안 그 주식을 산 투자자는 대부분 미실현 이익을 보유한 상태다. 그렇다면 주식을 무리해서 팔 필요가 없으므로 보유를 지속할 것이다. 이는 곧 매도 압력이 낮다는 뜻이므로 주가가 상승하기 쉽다.

반대로 주가가 25일 이동평균선보다 아래에 있다면 과거 25일 동안 이 주식을 산 투자자는 대부분 미실현 손실을 안고 있다. 이런 상태에서는 주가가 조금이라도 회복되면 빨리 매도하는 것이 낫다고 생각하는 것이 투자자의 마음이다. 이는 곧 매도 압력이 강하다는 뜻이므로 주가가 하락하기 쉽다.

이에 덧붙여 ❶은 이동평균선이 상승, 즉 주가의 평균치가 상승을 지속하고 있으므로 상승 추세라고 판단할 수 있다. 마찬가지로 ❷는 이동평균선이 하락, 즉 주가의 평균치가 하락을 지속하고 있으므로 하락 추세라고 판단할 수 있다.

추세에 따른 매매 판단은 '상승 추세라면 신규 매수, 보유 주식은 계속 보유', '하락 추세라면 보유 주식은 매도, 신규 매수는 보류'라고 요약할 수 있다.

왜 상승 추세에서 사고, 하락 추세에서 팔아야 할까

주가가 크게 상승한 종목의 공통된 특징은 무엇일까? 바로 상승 추세라는 점이다.

　물론 상승 추세라 해서 반드시 주가가 '크게 상승'하는 것은 아니다. 상승 추세에 들어가도 이후 바로 주가가 상승 동력을 잃고 반락하여 하락 추세로 돌아가는 경우도 있기 때문이다. 이를 '속

〈그림 1-9〉 추세와 주가의 관계

- 상승 추세로 전환해도 주가는 크게 상승하지 않기도 한다(①).
- 주가가 크게 상승한 종목은 반드시 상승 추세다(②).

↓

②의 종목을 노리기 위해서는 상승 추세의 종목을 사야 한다.
(①의 종목을 샀다면, 즉 상승 추세로 전환됐으나 크게 상승하지 않는 종목은 매도한다.)

- 하락 추세로 전환해도 주가는 크게 하락하지 않기도 한다(③).
- 주가가 크게 하락한 종목은 반드시 하락 추세다(④).

↓

④의 종목을 피하기 위해서는 하락 추세 종목을 보유하지 않는다.
(③의 종목을 샀다면, 일단 손절매하고 상승 추세가 되면 다시 매수한다.)

임형'이라고 한다.

하지만 주가가 크게 상승한 종목은 반드시 상승 추세에 있다는 것만은 확실하다. 바꿔 말하면 상승 추세가 아니면 주가는 결코 크게 상승하지 않는 법이다.

상승 추세로 전환된 주식을 사는 것은, 물론 빗나갈 가능성도 있지만 미래에 주가가 크게 상승할 가능성이 있는 주식을 사는 것이다. 이것이 상승 추세의 주식을 사야 하는 이유다.

마찬가지로 하락 추세로 전환된다 해서 주가가 반드시 크게 하락한다고 말할 순 없지만, 주가가 크게 하락한 종목은 반드시 하락 추세인 것은 사실이다. 그러므로 하락 추세의 종목은 신규로 매수하지 말아야 하며, 보유 중이라면 재빨리 손절매損切賣(보유 중인 주식이 손실 상태이고 하락이 지속되리라 판단할 때 손해를 감수하고 매도하는 것—옮긴이)해야 한다.

상승 추세인지를 확인하지 않고 대충 기분이 내키는 시점에 매수한다면, 물론 그때부터 상승할 수도 있겠지만 빗나갈 가능성이 매우 크다. 상승 추세를 기준으로 매수를 하면 하락보다 상승 가능성이 큰 종목을 매수하는 셈이며, 대시세 가능성도 크다.

추세와 반대로 가는 매매만큼은 절대 하지 말길 바란다. 상승 추세에서 팔고 하락 추세에서 사는 일은 주식투자 실패로 직결되는 행동이다. 시간과 자금력이 월등한 기관 투자자나 큰손이 아닌 이상 수익을 내기 어렵다.

매수 포인트는 바로 여기!

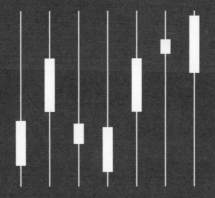

주가 추세 분석에 따른 매수 시기

이번 장에서는 봉과 이동평균선을 사용하여 매수 시기를 찾는 방법을 구체적으로 설명하고자 한다. 먼저 주가와 이동평균선을 사용한 주가 추세 분석 방법을 소개하고, 필요에 따라 그 밖의 방법도 함께 설명하겠다.

우선 주가 추세 분석의 대원칙을 기억하자. 앞서도 강조했듯이 '상승 추세에서는 신규 매수, 보유 주식은 보유 계속', '하락 추세에서는 보유 주식 매도, 신규 매수는 보류'가 원칙이다. 이를 기본으로 다음 세 가지 포인트를 더하면 구체적인 매수 시기를 찾을 수 있다.

〈매수 시기를 포착하는 세 가지 포인트〉

대원칙: 상승 추세일 것!

› ① 지금부터 상승할 가능성이 클 것

› ② 가능한 한 저렴하게 살 것

› ③ 실패할 경우 손절매 가격을 명확하고 객관적으로 설정할 수 있는 지점일 것

즉, 성공할 가능성이 크고 만약에 실패한다고 해도 손실이 적은 시점을 찾아야 한다는 얘기다. 주식투자에서 수익을 내는 것은 기본적으로 어디에서 샀느냐가 좌우하기 때문이다.

이 책에서는 특별한 언급이 없는 이상 일봉차트를 사용하여 분석하고, 추세 전환 또는 추세 지속을 판단할 때는 25일 이동평균선을 사용하겠다.

상승 추세에서의 매수 시기

주가 차트와 이동평균선으로 판단하는 주가 추세 분석에서는 주가가 상승 추세에 있을 때 매수 시기가 된다. 이후에도 상승하기 쉽다고 판단하기 때문이다. 상승 추세는 '주가가 이동평균선보다 위에 있고 이동평균선 자체가 상향'인 상태다.

하지만 아무리 상승 추세라 할지라도 무작정 매수하는 것이 능사는 아니다. 〈그림 2-1〉을 보자. 매수에 적절한 시기가 있는데, 그것은 다음 세 가지다.

① 상승 추세로 전환된 직후(★1)
나는 이 포인트를 가장 중시한다. 특히 주가가 장기간에 걸쳐 하락한 다음에 이 포인트가 나타난다면, 역사적인 저가권에서 살 수도 있다.

〈그림 2-1〉 절호의 매수 시기

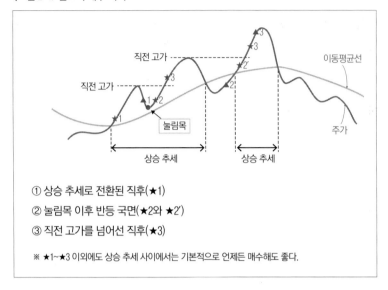

① 상승 추세로 전환된 직후(★1)
② 눌림목 이후 반등 국면(★2와 ★2′)
③ 직전 고가를 넘어선 직후(★3)

※ ★1~★3 이외에도 상승 추세 사이에서는 기본적으로 언제든 매수해도 좋다.

물론 그 뒤 주가가 내려가는 일이 없지는 않지만 그렇게 되더라도 손절매를 잘한다면 적은 손실로 마무리 지을 수 있다. 실패해도 몇 퍼센트 정도의 손실이고, 잘되면 엄청나게 큰 수익을 노릴 수 있는 포인트다. 위험에 비해 높은 보상을 노릴 수 있는 절호의 매수 포인트라고 할 수 있다.

실제로 나는 2012년 11월 중순에 시작된 아베노믹스에 주목하면서 이 시점에 개별 종목을 저렴하게 매수했다. 대부분이 반년도 되지 않아 주가가 몇 배나 올랐으며, 그 이상 상승한 종목도 있다.

★1 시점에서는 때에 따라 이동평균선이 아직 하락 추세일 수도 있다. 상승 추세로 전환될 가능성이 크니 다소 위험을 감수하고 매수하

든지, 이동평균선에 변동이 없거나 조금씩 상향으로 전환되는 시점을 기다려 매수한다. 어느 쪽을 선택할지는 스스로 판단해야 한다.

② 눌림목 이후 반등 국면(★2, ★2′)

이미 상승 추세에 있는 종목을 가능한 한 저가에 매수할 기회다.

주가는 상승 추세로 전환된 후에도 일시적으로 하락하기도 한다. 이처럼 상승 추세 중 일시적으로 주가가 하락한 경우를 '눌림목'이라고 한다. 눌림목을 노리면 상승 중인 주식이라도 저렴하게 살 수 있다.

구체적으로는 ★2처럼 눌림목에서 약간 반등한 시점에 산다. ▲1처럼 하락 도중에 사도 상관은 없지만, 주가가 하락을 지속하면 그대로 이동평균선까지 아래로 꺾여 하락 추세로 전환될 가능성도 있다. 그러므로 눌림목, 즉 일시적 하락 이후 반등이 일어나는 것을 확인한 다음 매수하는 것이 바람직하다.

한편, 눌림목으로부터 반등이 있다고 할지라도 ▲2처럼 주가가 이동평균선보다 아래에 있는 국면에서 매수하는 것은 그다지 바람직하지 않다. 주가가 이동평균선보다 내려간다고 해도 이동평균선이 상승하고 있다면 상승 추세가 지속될 가능성이 작지 않은 것은 사실이다. 하지만 이동평균선보다 내려갔다는 것은 지금부터 주가가 내려가 하락 추세로 전환될 가능성도 있음을 나타낸다. ★2′처럼 주가가 반등하여 다시 이동평균선을 넘어서 상승 추세가 지속되는 것이 명확해진 시점에 매수하자.

③ 직전 고가를 넘어선 직후(★3)

상승 추세의 특징 중 하나가 주가가 직전 고가를 넘어서 상승이 지속되는 것이다. 여기에서 ★3이 그런 포인트다. 직전 고가를 넘는 것은 주가가 힘이 있다는 것을 나타내므로 중요한 매수 시기다.

하지만 직전 고가를 넘어서는 시점은 이미 꽤 주가가 상승한 상태다. 주가와 이동평균선 간 이격이 큰 상태에서 매수한 경우 이후 손절매로 고생하게 될 수도 있다. 직전 고가를 넘어선 종목 중에서도 가능한 한 주가와 이동평균선 간 이격이 작은 시점에 매수하는 것이 좋다.

이상의 세 가지 포인트에서 매수하였더라도 하락 추세로 전환될 가능성이 커지면, 즉 주가가 이동평균선 아래로 떨어지면 손절매를 염두에 두어야 한다. 그리고 상승 추세일 때는 이 세 가지 포인트 이외의 지점에서도 주가가 이동평균선과 그렇게 멀리 떨어지지 않았다면 언제든 신규 매수를 해도 좋다. 주가가 이동평균선 아래로 떨어질 때 손절매를 하면 큰 손실은 발생하지 않는다. 하지만 ▲3처럼 주가가 이동평균선에서 멀리 떨어져 있는 국면에서의 신규 매수는 이동평균선을 기준으로 손절매할 경우 손실이 커질 우려가 있기 때문에 가능한 한 피하는 것이 좋다.

그렇다면 지금까지의 설명을 되짚어 실제 주가 차트를 보도록 하자. 〈그림 2-2〉를 보자.

★1~★3과 ▲1~▲3은 〈그림 2-1〉에서 설명한 바와 같다.

★1 시점에서는 아직 25일 이동평균선이 아래를 향하고 있기 때문에 이동평균선이 횡보(상향, 하향이 아니라 옆으로 움직임-옮긴이)하다가 조금 상승한 ★1′까지 기다려 매수하는 것도 하나의 방법이다. ★1과 ★1′에서 신규 매수를 하여 명확하게 이동평균선 아래로 떨어진 X 시점에 매도한다면 매수가의 약 2배에서 매도할 수 있다. ▲2 시점에서 일시적으로 주가가 이동평균선 아래로 떨어졌지만 여기에서 매도해도 매수가의 약 2배에 매도할 수 있다.

★2~★3에서 매수하더라도 상승 추세 도중이기 때문에 문제는 없지만, 상승 추세가 지속되어 주가가 크게 상승한 다음에는 하락 리스

〈그림 2-2〉 매수 시기 예시

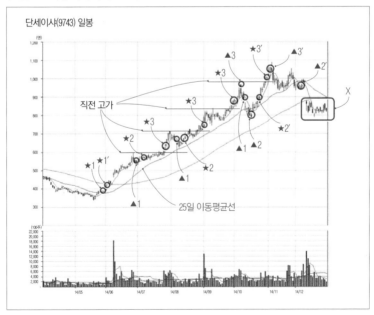

크도 커지기 때문에 주의가 필요하다. 예를 들어 가장 윗부분인 ★3′ 지점은 저가에서부터 볼 때 이미 주가가 3배가 됐기 때문에 매수하기 에는 리스크가 크다. 실제로도 조금 상승한 다음 하락으로 전환됐다.

또한 상승 추세일지라도 주가와 이동평균선 간 이격이 큰 ▲3과 ▲3′ 에서 살 경우에는 리스크도 커진다. ▲3에서는 주가가 20% 하락했고 ▲3′에 이르러서는 이후 매수가를 한 번도 회복하지 못하고 명확하게 이동평균선 아래로 떨어졌음을 볼 수 있다.

이동평균선은 상향이지만 주가가 이동평균선 아래로 떨어진 ▲2 와 ▲2′도 가능한 한 피해야 한다. ▲2′에서 매수한다면 이후 주가가 급락하여 명확하게 이동평균선 아래로 떨어지므로 손실이 크다.

지금까지 설명한 매수 포인트를 정리하면 다음과 같다.

> 상승 추세 전환 직후에 매수한다면 저가권에서 매수할 수 있다.
> 상승 추세 중이라면 언제 매수해도 좋지만 가능한 한 주가와 이 동평균선 간 이격이 크지 않은 시점을 선택한다.

하락 추세에서의 매수 시기 1: 저가권에서의 매수

주가 추세 분석에서는 상승 추세로 전환되지 않는 한 매수하지 않는 것이 원칙이지만, 하락 추세일 때 신규 매수를 하는 방법도 있다.

그중 하나가 '저가권에서의 매수'다. 상승 추세로 전환된 시점, 예컨 대 〈그림 2-1〉 ★1 시점에서 사더라도 충분히 저가권에서 샀다고 할 수 있지만 더욱 저렴한 가격대에서 사는 것이 바로 이 방법이다. 〈그림 2-3〉을 보자.

① 저가라고 생각되는 주가에서부터 몇 퍼센트 반등한 시점 (■1)
이는 궁극의 저가권 매수 시기다. 만약 실패하더라도 이 시점에서의 매수를 반복한다면 언젠가는 진정한 저가에 근접하게 매수할 수 있다.
　주가가 크게 떨어져 여기서부터 더욱 하락할 가능성은 희박하다고 생각될 때가 매수 시기다. 이 시점에서 산 경우, 저가라고 생각한 주

〈그림 2-3〉 저가권에서의 매수 시기

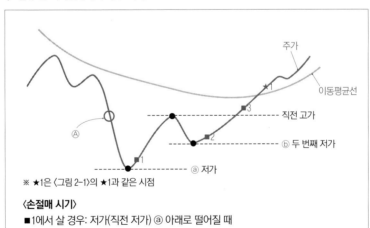

※ ★1은 〈그림 2-1〉의 ★1과 같은 시점

〈손절매 시기〉
■1에서 살 경우: 저가(직전 저가) ⓐ 아래로 떨어질 때
■2에서 살 경우: 두 번째 저가 ⓑ 밑으로 떨어질 때, 또는 저가 ⓐ 밑으로 떨어질 때
■3에서 살 경우: ⓑ 또는 ⓐ를 밑돌 때, 또는 매수가로부터 10% 정도 하락했을 때

가(직전 저가)를 밑돈다면 하락 추세가 지속될 가능성이 크다고 판단하고 손절매한다. 실패를 반복하여 손절매를 여러 번 하면 손실이 쌓이지만, 손절매를 하지 않는다고 이익이 될 리 없으니 손절매는 필수다.

② 두 번째 저가로부터의 반등 국면(■2)

주가가 장기간에 걸쳐 하락할 때는 직전 저가를 밑도는 하락을 지속한다. 반면 저가에서부터 반등한 후에 다시 하락으로 전환되더라도 저가(직전 저가)를 밑돌지 않고 다시 반등한 경우에는 주가가 바닥을 칠 가능성이 커진다. 이처럼 두 번째 반등할 때를 '두 번째 저가'라고 하고, 여기서부터의 반등 국면은 매수 시기가 된다.

두 번째 저가로부터의 반등 국면에서 매수한 경우, 두 번째 저가보다 아래로 떨어지면 두 번째 저가가 변경되므로 손절매한다. 단 그 이전 저가까지의 거리가 가깝다면 그 가격 아래로 떨어진 시점에 손절매해도 괜찮다.

③ 주가가 이동평균선을 밑도는 상태에서 직전 고가 돌파(■3)

주가가 하락을 지속하는 동안에는 직전 고가를 넘는 일은 거의 일어나지 않는다. 그러므로 직전 고가를 넘어선 시점이 '주가가 바닥으로 떨어졌다'는 신호이며 매수 시기다.

이 경우에는 두 번째 저가 또는 그 이전 저가를 뚫고 내려간 시점에 손절매를 하며, 그렇게 할 때 손실률이 높아진다면 매수가에서 10%

정도 하락했을때 손절매하면 된다.

　이상은 아직 상승 추세로 전환되기 전에 매수하는 것이므로 추세에 어긋나는 매수 시기라고 말할 수 있다. 특히 ■1은 직전 저가가 진정한 저가가 되지 않을 가능성도 크다. ■2와 ■3은 저가가 굳혀질 가능성이 ■1보다는 높으므로 손절매만 제대로 실행한다면 그렇게 리스크가 큰 매수 시기는 아니다. 그렇더라도 주가와 이동평균선 간 이격이 크지 않다면 상승 추세로 전환되기까지 기다렸다가 사는 것이 안전하다.

　그리고 아무리 주가가 크게 하락하여 저렴하다고 할지라도 〈그림 2-3〉의 Ⓐ처럼 하락 도중에 사는 것은 피해야 한다. 저가라고 판단할 수 있는 근거가 아직 없어서 '직전 저가' 등의 객관적인 손절매 가격을 설정할 수 없기 때문이다. 이 경우에는 매수가를 기준으로 손절매를 하는 수밖에 없다. 예를 들면 '매수가에서 10% 하락한 지점에서 손절매' 식이다. 만약 손절매를 하지 않는다면 손실이 커질 위험성이 있다.

　주가가 낮더라도 ■1처럼 반등 시점을 기다려 사는 것이 좋다. 실패 확률도 적고 손절매 가격을 설정하기도 쉬워 장기적으로 좋은 시점이라 할 수 있다.

　실제 주가 차트로 확인해보겠다. 〈그림 2-4〉를 보자. ■1에서 사는 것이 상승 추세를 기다려 ★1에서 사는 것보다 저렴한 가격에 살 수 있음을 알 수 있다.

그리고 앞서 설명한 것처럼 주가가 하락을 지속하는 도중인 Ⓐ에서는 손을 대지 않는 것이 중요하다. 이 예에서는 Ⓐ 이후 주가가 그다지 떨어지지 않고 바닥을 치지만, 실전에서는 그렇지 않은 경우도 많기 때문이다. 직전 저가가 존재하지 않기 때문에 직전 저가를 손절매 가격으로 설정할 수 없고, 손절매를 하지 않으면 큰 손실을 볼 가능성이 있다는 것을 명심하자.

그리고 현실에서는 매수 포인트인 ■1~■3 전부가 명확하게 표현되는 일은 거의 없다. 두 번째 저가가 없이 주가가 상승을 지속하여

〈그림 2-4〉 저가권에서의 매수 사례

이동평균선을 넘거나, 직전 저가를 넘는 ■3 시점에 이미 이동평균선을 넘는 일이 많다.

주가가 이동평균선을 넘기 전 단계인 저가권에서의 매수는 무리하지 않는 것이 현명하다. 예컨대 저가라고 생각되는 주가보다 대체로 10% 정도 상승한 지점을 신규 매수 한도로 정하고, 저가가 무너지면 손절매를 하여 손실을 최소화하는 방법이 좋다. 주가가 다시 이동평균선을 넘은 후에는 〈그림 2-1〉의 매수 시기에 따라 신규 매수를 하면 된다.

하락 추세에서의 매수 시기 2: 급락 후 반등 지점

또 하나 하락 추세에서의 매수 시기로 생각할 수 있는 경우는 급락 후 반등을 노리는 것이다. 주가는 이동평균선과의 거리가 크게 멀어지면 이후 이격을 축소하는 방향으로 움직이는 습성이 있다. 그래서 주가가 단기간에 급락한 경우 반등을 기대할 수 있다.

그리고 반등까지 노리진 않더라도, 매수하고 싶었지만 주가가 높아서 사지 못했던 종목을 저가에 살 수 있는 기회로 삼을 수도 있다. 확실하게 급락했을 때 저렴하게 매수할 수 있다면 주가가 상승 추세로 전환되는 것을 기다려 사는 것보다 꽤 저렴하게 매수할 수 있다.

급락 후에는 반등도 급속하게 진행되는 경우가 많아 최적의 매수 시기를 잡기 어려운 것이 사실이지만 구체적으로 다음과 같은 시점이 매수 시기다. 〈그림 2-5〉를 보자.

① 각종 기술적 지표를 바탕으로 바닥을 친 시점을 파악한다

개별 종목이나 시장 전체 주가지수가 25일 이동평균선과 마이너스 이격률(이동평균선이 위에 있고 주가가 아래에 있을 때의 이격률—옮긴이)을 어느 정도 보이는가, 등락비율 수치가 어떻게 움직이는가 등을 참고하여 주가가 바닥을 칠 시점을 예측하고 매수한다. 예를 들어 '닛케이평균주가지수가 25일 이동평균선으로부터 마이너스 이격률 10% 초과', '개별 종목 주가가 25일 이동평균선에서 마이너스 이격률 30% 초과', '20일 등락비율 60% 붕괴' 등을 매수 신호로 판단할 수 있다.

　주가가 내려가는 도중에 매수하면 직전 저가가 존재하지 않기 때문에 객관적인 손절매 가격을 설정할 수 없으므로, 매수가에서부터의 하락률로 손절매를 실행할 수밖에 없다. 따라서 기술적 지표를 보고 바닥을 칠 가능성이 크다고 판단하더라도 저가에서 다소 반등하기를 기다려서 매수하고, 저가가 붕괴되면 손절매를 하는 것이 바람직하다. 즉, 〈그림 2-5〉의 ▲ 같은 시점에서 사는 것은 피해야 한다는 뜻이다.

　등락비율이란 일정 기간에 가격이 상승한 종목과 가격이 하락한 종목의 비율을 나타낸 것으로, 다음과 같은 식으로 계산한다.

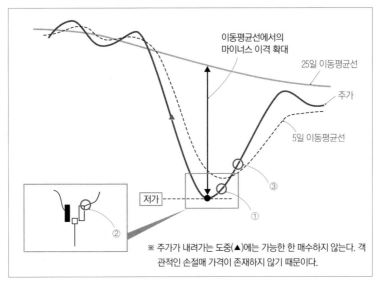

〈그림 2-5〉 반등을 노리는 매수

이동평균선에서의
마이너스 이격 확대

25일 이동평균선

주가

5일 이동평균선

저가

①

②

③

※ 주가가 내려가는 도중(▲)에는 가능한 한 매수하지 않는다. 객
관적인 손절매 가격이 존재하지 않기 때문이다.

> 등락비율(%) = (일정 기간의 상승 종목 수 ÷ 일정 기간의 하락

종목 수) × 100

가장 대표적인 것이 25일 등락비율이다. 25일 등락비율의 수치가
높을수록 지난 25일 동안 가격이 상승한 종목의 수가 많다는 것을 나
타낸다. 이는 주식시장이 과열 경향이 있으며 곧 주가가 조정될 가능
성이 큼을 의미한다. 반대로 수치가 낮을수록 주가가 반전하여 상승
할 가능성이 커진다. 25일 등락비율의 수치가 130%를 넘으면 '매수
과잉', 70%를 밑돌면 '매도 과잉'이라고 판단할 수 있다.

② 바닥을 칠 가능성이 큰 주가 차트 형태가 된 시점에 주목한다

주가가 바닥을 칠 경우에 자주 출현하는 주가 차트 형태가 되면 매수한다. 물론 이 형태에서 반드시 바닥을 친 다음 반등하는 것은 아니므로, 저가라고 생각되는 주가보다 떨어지면 손절매한다.

③ 5일 이동평균선으로 주가 추세를 분석한다

25일 이동평균선 대신 5일 이동평균선을 기준으로 상승 추세가 되면 사는 방법도 있다. 주가가 하락을 지속할 때는 25일 이동평균선은 물론이고 5일 이동평균선도 하락하는데, 아직 본격적인 반등 시기가 아니라면 5일 이동평균선조차 넘지 못하고 주가가 하락을 지속한다. 그러므로 바닥을 칠지 아닐지를 주가가 5일 이동평균선을 넘느냐 아니냐로 선별할 수 있다. 5일 이동평균선 하향 돌파는 주가가 바닥을 친 후 크게 상승하지 않았을 때 출현한다. 이 경우 손절매 가격은 5일 이동평균선을 명확하게 가를 때다. 저가(직전 저가)까지의 거리가 가까울 때는 저가가 무너지는 시점으로 해도 괜찮다.

주가가 바닥일 경우 출현하기 쉬운 주가 차트 형태를 몇 가지 소개하겠다.

우선 봉차트 하나로 알 수 있는 형태다. 〈그림 2-6〉을 보자. '장대양봉'과 '망치형'이 있다.

'장대양봉'은 이름 그대로, 본체가 길고 하얀 봉이다. 이는 시가에서 주가가 크게 상승하여 마감한 것을 나타낸다. 즉 장대양봉은 매수 에

너지가 매우 강할 때 출현한다.

주가가 장기간 하락을 지속하던 중 장대양봉이 나타나면 주목해야 한다. 하락이 끝나고 상승으로 전환되는 신호일 가능성이 있기 때문이다. 더불어 주가가 상승하는 도중에 장대양봉이 출현하기도 한다. 이때는 주가 상승이 여기서부터 가속화될 가능성이 크다.

망치형은 아래꼬리가 긴 형태의 봉이다. 양봉이든 음봉이든 주가가 일시적으로 크게 하락했는데 그 시점에서 매수가 활발해져 주가가 원래 수준에 가깝게 돌아왔음을 나타낸다. 즉, 이보다 낮은 주가

〈그림 2-6〉 주가가 바닥일 때 출현하기 쉬운 장대양봉과 망치형

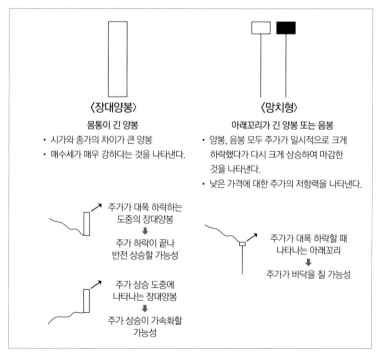

수준에서는 매수 수요가 높아지기 때문에 주가가 더는 내려가지 않을 가능성이 크다는 것을 의미한다.

특히 '긴 아래꼬리'의 양봉이 출현한다면 아래꼬리의 끝에서 주가가 바닥을 칠 가능성이 크다고 판단할 수 있다. 또한 양봉 2개가 나란히 나타난 형태에서도 주가가 바닥을 칠 가능성을 판단할 수 있다.

〈그림 2-7〉을 보자.

첫 번째가 음봉, 두 번째가 양봉의 조합이다. 대표적인 것으로 상승관통형, 음의 타스키형, 상승장악형이 있다. 주가가 장기간 하락을 지

〈그림 2-7〉 주가가 바닥일 때 출현하기 쉬운 '음봉 + 양봉' 조합

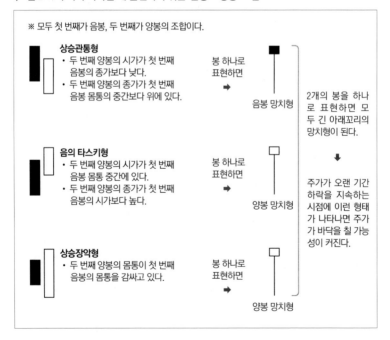

속하던 중 이런 형태가 출현하면 주가가 바닥을 치고 상승으로 전환될 가능성이 크다. 왜 그럴까?

이들 2개의 봉을 하나로 표현해보면 모두 긴 아래꼬리의 망치형이된다. 주가가 오랜 기간 하락을 지속하던 도중에 긴 아래꼬리 형태가출현하면 주가가 바닥을 칠 가능성이 커진다는 것은 바로 앞에서 설명했다. 〈그림 2-7〉과 같은 봉의 조합이 나타나는 경우에도 긴 아래꼬리 형태가 나타난 경우와 마찬가지로 판단할 수 있다.

이보다 좀더 정밀도가 높은 분석 방법은 없을까?

봉 3개를 조합해보자. 주가가 바닥을 칠 가능성을 더 정밀하게 추측할 수 있다. 사실 봉 2개만으로는 그 뒤 방향이 어떻게 될지 알기어려운 경우가 많다. 예를 들어 〈그림 2-8〉의 A-1(긴 아래꼬리)과 B-1(상승관통형)에서는 확실하게 주가가 바닥을 칠 가능성이 있지만 봉의 방향은 여전히 아래를 향하고 있다. 이런 형태의 조합에서는 세 번째 봉에 주목하자.

만약 A-2와 B-2 같은 형태가 된다면 봉의 방향은 아래로 지속되므로 주가가 아직 바닥을 치지 않았다고 판단할 수 있다. 하지만 A-3과B-3 같은 형태가 된다면 봉의 형태는 V자가 되어 확실하게 방향이위쪽으로 바뀐 것을 알 수 있다. 그러므로 이 시점에서 주가가 바닥을칠 가능성이 크다고 추측할 수 있다.

주가가 바닥을 칠 경우에 자주 출현하는 봉 3개의 조합은 '장대음봉 + 긴 아래꼬리 + 장대양봉'과 '상승관통형 + 장대양봉'이다.

〈그림 2-8〉 3개의 봉으로 추측하는 바닥

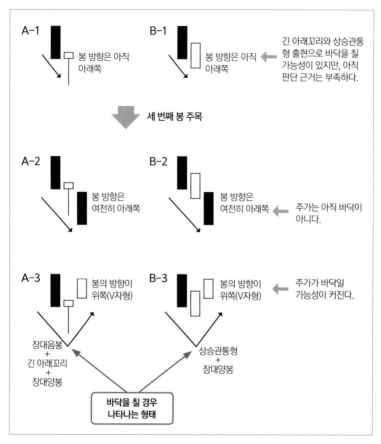

A-1 봉 방향은 아직 아래쪽

B-1 봉 방향은 아직 아래쪽 ← 긴 아래꼬리와 상승관통형 출현으로 바닥을 칠 가능성이 있지만, 아직 판단 근거는 부족하다.

세 번째 봉 주목

A-2 봉 방향은 여전히 아래쪽

B-2 봉 방향은 여전히 아래쪽 ← 주가는 아직 바닥이 아니다.

A-3 봉의 방향이 위쪽(V자형)

B-3 봉의 방향이 위쪽(V자형) ← 주가가 바닥일 가능성이 커진다.

장대음봉 + 긴 아래꼬리 + 장대양봉

상승관통형 + 장대양봉

바닥을 칠 경우 나타나는 형태

지금부터 바닥을 칠 가능성이 커진 봉 형태를 실제 주가 차트로 확인해보자. 〈그림 2-9-A〉부터 〈그림 2-9-C〉를 보자.

우선 〈그림 2-9-A〉를 보자. 긴 아래꼬리가 나타나 바닥을 친 것을 알 수 있다. 긴 아래꼬리 하나만으로는 아직 바닥일지 아닐지 판단하기가 어렵지만, 다음 날 장대양봉이 출현함으로써 바닥이 될 확률이

〈그림 2-9-A〉 바닥을 칠 때 봉의 실제 사례 1

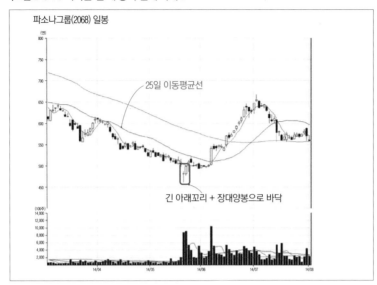

파소나그룹(2068) 일봉

25일 이동평균선

긴 아래꼬리 + 장대양봉으로 바닥

〈그림 2-9-B〉 바닥을 칠 때 봉의 실제 사례 2

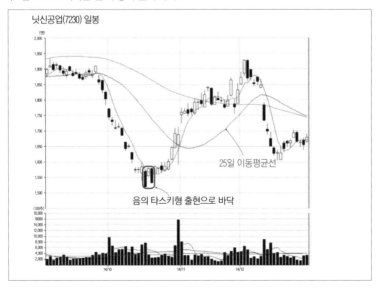

닛신공업(7230) 일봉

25일 이동평균선

음의 타스키형 출현으로 바닥

높아진 사례다. 다음으로는 〈그림 2-9-B〉다. 바닥을 칠 때 음의 타스키형이 나타난 것을 알 수 있다. 마지막으로 〈그림 2-9-C〉다. '장대음봉 + 긴 아래꼬리 + 장대양봉'과 유사한 형태가 출현하여 바닥을 친 것을 확인할 수 있다. 실제로는 긴 아래꼬리 대신 긴 위꼬리가 출현했다.

지금까지 급락할 때 반등을 노리는 방법으로 세 가지 시점을 소개했다. 급락할 때 반등을 노린다고 해도, 그저 주가가 크게 하락하면 매수하는 것이 아니라 〈그림 2-5〉의 ①~③처럼 명확하게 손절매 가격을 설정할 수 있는 시점에 사는 것이 중요하다.

원래 급락할 때는 하락 추세의 한복판이므로, 이후 더욱 하락할 가능성도 있다. 따라서 손절매를 부득이하게 해야 하는 상황이 발생하기 쉽고, 손절매를 하지 않으면 큰 손해를 보게 될 수도 있다. 급락할 때의 매수는 주가 추세를 거스르는, 리스크가 큰 투자 행동이라는 사실을 항상 염두에 두길 바란다. 매수를 한다면 손절매 조건과 가격을 설정하여 확실하게 실행하는 것이 손실이 커지는 것을 막을 수 있다.

이를 실제 차트에서 확인할 수 있다. 〈그림 2-10〉을 보자.

먼저, ▲ 같은 시점은 주가 하락이 계속되어 반등의 조짐이 없으므로 이곳에서 매수하는 것은 피하라고 다시 한번 강조하고 싶다. 이 주가 차트의 매수 시점과 각각의 근거는 다음과 같다.

첫째, 주가가 단기간 급락한 다음 긴 아래꼬리의 양봉(Ⓐ)이 출현했다.

〈그림 2-10〉 반등을 노리는 매수 사례

여기가 바닥이라고 판단하고 다음 날 장 시작과 함께 매수한다(①).

둘째, 박스로 표시한 부분(ⓑ) 봉 3개의 조합으로 〈그림 2-8〉의 A-3에서 나타난 것과 유사한 바닥 형태가 출현했다. 그다음 날 장 시작과 함께 매수한다(②).

셋째, 주가가 5일 이동평균선 위로 올라섰다. 그다음 날 장 시작과 함께 매수한다(③).

이 사례에서는 필요 없지만, 손절매를 할 경우 직전 저가 붕괴 시점을 기준으로 하면 된다.

이 사례만을 보고 반등을 노리는 매수가 의외로 간단하다고 생각할지도 모르겠으나, 실전에서는 매우 어렵다. 매수 실행이 하루 늦어진 것만으로 손절매를 해야 하는 상황도 자주 일어난다. 게다가 저가라고 생각한 주가가 허망하게 무너지는 일도 빈번하다.

반등을 노리는 것은 뛰어난 감각을 요구한다. 몇 번 시험해보고 제대로 되지 않을 때는 무리할 필요가 없다. 반등을 노리는 것을 그만두고 상승 추세로 전환되길 기다려 매수하면 더 좋은 결과를 얻을 것이다.

그 외의 매수 시기: 전고점 돌파

주봉차트와 월봉차트에서 과거의 고가는 '전고점'이라고 불리며 중장기적인 저항대가 된다. 즉, 이 가격대에서 주가 상승이 꺾이는 일이 자주 있다.

이런 전고점을 상향 돌파할 경우 주가가 새로운 단계에 돌입했다고 판단할 수 있으며, 중장기적인 상승 추세가 시작된다는 신호로 받아들일 수 있다. 때에 따라서는 이후 5배, 10배 상승하기도 한다.

단, 주가가 전고점을 돌파한 순간은 단기적으로 주가가 꽤 상승한 상태다. 일봉차트를 보면 대부분 주가와 이동평균선 간 이격이 크다.

〈그림 2-11〉을 보자. 주봉·일봉차트에서 전고점을 돌파하고(■1), 일봉차트에서 주가와 이동평균선 간 이격이 크지 않다면 매수해도 문제없다. 하지만 주가와 이동평균선 간 이격이 크다면 주의해야 한다.

〈그림 2-11〉 전고점 돌파

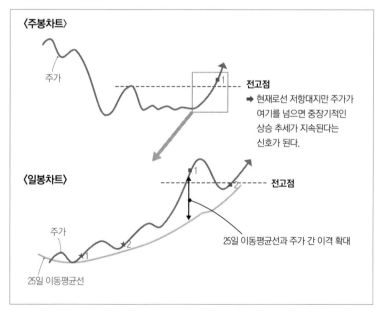

이 종목을 어떻게 해서든 사고 싶다면 상관없지만, 가능하면 주가와 이동평균선 간 이격이 작아질 때를 기다려 ■2와 같은 시점에서 사는 것이 낫다. 그래야 손절매를 하게 되더라도 손실을 줄일 수 있다.

또한 실제 주봉과 일봉차트에서 전고점을 돌파하기 꽤 오래전부터 일봉차트에서는 상승 추세가 지속된다. 일봉차트를 보면서 전고점을 돌파하기 전 비교적 주가가 쌀 때(★1과 ★2) 미리 사두는 것도 좋다. 그런 다음 주봉, 월봉에서 전고점을 돌파하는 시점을 추가 매수 시기로 삼는 것이 좋다. 그때도 앞서 설명한 바와 마찬가지로 전고점 돌파 후 바로 사는 것(■1)보다는 일봉상에서 주가와 이동평균선 간 이격이 작아질 때를 기다려 사는 것(■2)이 낫다.

실제 차트에서 이를 확인할 수 있다. 〈그림 2-12〉를 보자.

우선 주봉차트를 보자. 2012년 11월부터 시작된 아베노믹스 이후 2013년 3월에 975엔의 고가를 찍은 다음, 한동안 이 주가를 넘지 않았다. 하지만 바로 Ⓐ에서 분명히 넘어섰다. 이는 중기적인 상승 추세의 신호이며 신규 매수 시기다.

다음으로 일봉차트를 확인해보자. 주봉차트에서 박스로 표시한 기간이다. Ⓐ에서 확실하게 975엔을 넘었고, 이날 상한가에 가까이 가서 25일 이동평균선으로부터의 이격률이 15%를 넘어섰다. 물론 전고점을 넘었으므로 여기에서 매수해도 괜찮지만, 전부 여기서 사는 것이 아니라 반 정도만 매수하자. 남은 반은 그 후의 조정 국면인 Ⓑ에서 사도록 하자. Ⓐ에서 사지 않고 Ⓑ에서 전부 사는 것이 좋다고 생

〈그림 2-12〉 전고점을 돌파하는 사례

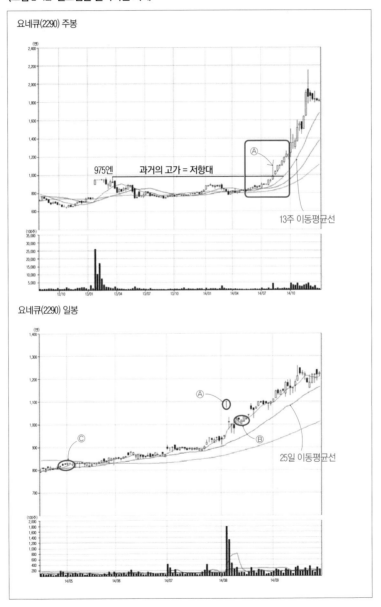

요네큐(2290) 주봉

975엔　　과거의 고가 = 저항대

Ⓐ

13주 이동평균선

요네큐(2290) 일봉

Ⓐ

Ⓘ

Ⓑ

Ⓒ

25일 이동평균선

각할지도 모르겠지만, 이처럼 조정 국면을 거치지 않고 전고점을 넘은 다음 곧장 상승하는 사례도 적지 않다. 어떤 식으로 움직여도 괜찮도록 Ⓐ에서 반, Ⓑ에서 반을 매수하는 것이다.

일봉차트를 과거부터 짚어보면 일봉상으로는 ⓒ에서 벌써 상승 추세에 진입했다. 주봉차트에서 본 전고점에 도달하기 전에 ⓒ에서 어느 정도 매수할 수 있다면 제일 좋다.

왜 이동평균선을
매매 기준으로 삼는가

주식투자에서 이익을 얻는 비결은 '싸게 사서 비싸게 파는 것'이다. 그러나 싸다고 생각해서 샀는데 주가가 더욱 떨어지는 일도 빈번하게 일어난다. 반대로, 이제 충분히 올랐다고 생각해서 팔았는데 주가가 더욱 크게 상승하여 아쉬움을 느끼는 일도 빈번하게 일어난다.

이처럼 싸게 사서 비싸게 판다는 것은 머리로는 알아도 실제로 하려면 어렵다. 왜냐하면 저가, 고가를 판단할 객관적 기준이 없기 때문이다.

그런 면에서 이동평균선은 주관이 전혀 들어가지 않은 객관적인 자료다. 이동평균선은 저가, 고가를 족집게처럼 표시해주는 것이 아니라 '저가권', '고가권'을 표시해준다.

하향 또는 횡보 중이던 주가가 이동평균선을 넘어 상승 추세로 전환된 직후에 산다면 충분히 저가권에서 매수한 것이다. 만약 거기서부터 주가가 상승 동력을 잃더라도 이동평균선 아래로 떨어진 시점에 손절매하면 비교적 적은 손실에 그칠 수 있다. 그리고 상향 또는 횡보 중이던 주가가 이동평균선을 넘어 하락 추세로 전환된 직후에 판다면 충분히 고가권에서 판 것이다.

또 상승 추세로 전환된 직후에 사는 것이 아니라 주가가 이동평균선을 넘어 상승 추세로 확실히 안착한 다음 산다면 손실도 줄일 수 있다. 주가와 이동평균선 간 이격을 고려하여 너무 멀지 않은 단계에서 손절매를 하면 되기 때문이다.

　매수에서 중요한 점은 저가권에서 사는 것, 매도에서 중요한 점은 고가권에서 파는 것, 그리고 손절매에서 중요한 점은 손실률을 가능한 한 낮추는 것이다. 이동평균선을 활용한 주가 추세 분석으로 매매 시기를 판단한다면 이 문제를 모두 해결할 수 있다.

3장

매도 포인트는 바로 여기!

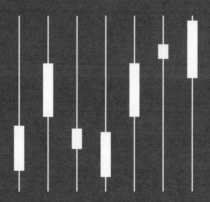

주가 추세 분석에 따른 매도 시기

매도 시기에서 중요한 것은 다음 두 가지다.

> ① 여기서부터 주가가 하락할 가능성이 클 것
> ② 가능한 한 높은 가격에 팔 것

①은 바꿔 말하면 주가가 하락 추세일 때를 말한다. 주가 추세 분석에서 ①을 만족하면서 ②를 만족시키는 매도 시기는 상승 추세였던 주식이 하락 추세로 전환될 가능성이 커진 시점, 즉 이동평균선을 하향 돌파하는 시점이다. 일봉차트를 사용할 경우 주가가 25일 이동평균선을 명확하게 무너뜨리는 시점에서 매도한다. 말하자면, 〈그림 3-1〉에서 ★1 시점이다.

주가 추세 분석에서는 하락 추세인 종목은 신규 매수를 피하고 보유 중이라면 가능한 한 빠르게 매도해야 한다. 여기에서 보유 주식의 매도 시기는 주가가 이동평균선을 돌파한 ★1뿐이라는 것이 원칙이다.

〈그림 3-1〉 보유 주식의 매도 시기

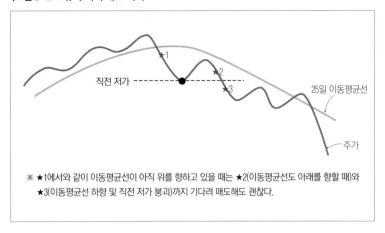

직전 저가

25일 이동평균선

주가

※ ★1에서와 같이 이동평균선이 아직 위를 향하고 있을 때는 ★2(이동평균선도 아래를 향할 때)와 ★3(이동평균선 하향 및 직전 저가 붕괴)까지 기다려 매도해도 괜찮다.

그런데 엄밀히 말하면 하락 추세의 정의는 '주가가 이동평균선보다 아래에 있다 + 이동평균선 자체가 아래로 향하고 있다'라는 상태다. 주가가 이동평균선 아래로 떨어진 직후에는 이동평균선이 아직 위를 향하기 때문에 '이동평균선 붕괴'만으로 명확하게 하락 추세 전환이라고 말할 수 없다. 실제로, 강한 종목은 ★1의 상태에서 바로 반등하여 상승 추세로 돌아가는 일도 적지 않다.

그래서 주가가 이동평균선 아래로 하락한 뒤에도 약간 상태를 보고자 하는 경우에는 ★2 시점(이동평균선 자체도 아래를 향할 때), 또는 ★3 시점(이동평균선 하향 전환 이후 직전 저가 붕괴)까지 기다려 매도하는 선택지도 있다. 단, ★2와 ★3 시점은 주가가 꽤 내려간 상태이기 때문에 나는 그다지 추천하지 않는다. 만약 보유주를 매도한 다음 하락 추세로 전환되지 않고 주가가 다시 상승하여 상승 추세로 재진입한 경우에는 그 시점에서 다시 사들이면 된다.

그렇다면 실제 차트에서 확인해보자. 〈그림 3-2〉를 보자.

★1에서 주가가 25일 이동평균선을 명확하게 하향 돌파하고 있으므로 다음 날 바로 매도하는 것이 기본이다.

이 시점에서는 아직 25일 이동평균선이 횡보 중이므로 아래를 향하는 ★2까지 기다려 매도할 수도 있다. 하지만 나는 거기까지 기다리지 않고 주로 ★1에서 매도한다.

그리고 X 라인에서 조금 반등한 다음 X를 하향 돌파한 ★3에서 직전 저가가 붕괴되는데, 여기까지 기다리면 ★1과 ★2에 비하여 주가가 꽤 하락한 시점에서 매도하게 된다. 25일 이동평균선 붕괴 직후 거

〈그림 3-2〉 보유 주식의 매도 시기 예

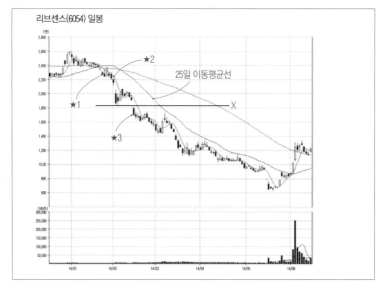

의 반등다운 반등이 없이 하락을 지속하는 경우도 드물지는 않으므로 적어도 이동평균선이 아래를 향하면 ★3을 기다리지 말고 매도하는 방법을 추천한다.

주가 추세 분석에서는 하락 추세에 있을 때는 주가가 더욱 내려갈 가능성이 크기 때문에 주식을 보유하지 않는 것이 원칙이다.

주식시장에서는 주가가 놀랄 만큼 하락하는 일이 있다. 펀더멘털 상으로 판단한 기업 가치가 크게 떨어지는 경우도 적지 않다. 〈그림 3-2〉의 차트에서도 2,200~2,300엔 전후에서 하락 추세에 들어선 후, 하락 추세가 4개월간 계속되어 600엔 가까이에서 겨우 하락을 멈추었다. 고점에서 거의 4분의 1 토막이 났으니 얼마나 아찔한가. 이 차트를 보면 하락 추세 동안에는 주식을 보유하거나 새로 매수하지 않는 것만으로도 큰 손실을 피할 수 있다는 사실을 알 수 있다.

다만 애초에 매수가가 낮아 이익이 큰 상태라면 일봉차트에서 하락 추세로 전환된다고 해도 매도하지 않고 주봉차트에서 하락 추세로 전환될 때까지 보유를 지속하는 전략도 있다. 특히 최저가로 바닥을 친 다음 새로운 상승 추세에서는 대시세를 주는 상승이 일어나기도 하기 때문이다. 예를 들어 일봉차트에서 하락 추세로 전환될 때 보유주의 반을 매도하고, 나머지는 주봉차트에서 하락 추세로 전환될 때까지 보유를 지속하는 방법도 좋다.

직전 저가 붕괴 시 매도

이동평균선을 사용하지 않고 주가만으로 매도 시기를 판단하는 경우 대표적인 기준이 '직전 저가의 붕괴'다. 보통 상승 추세에서는 직전 저가가 무너지지 않고 상승을 지속한다. 그러므로 직전 저가의 붕괴는 상승 추세의 종료 신호라고 판단한다.

대다수의 경우 직전 저가의 붕괴는 주가 추세 분석에 따른 매도 포인트보다 나중에 일어나거나 거의 동시에 일어난다. 〈그림 3-1〉에서도 직전 저가의 붕괴(★3)는 보유 주식의 매도 포인트(★1)보다 뒤에 나타났다. 그러므로 매도 시기의 파악은 주가 추세 분석에 따르면 거의 문제가 없다.

단, 주가 변동에 따라 직전 저가의 붕괴가 하락 추세로의 전환보다 앞서 나타날 때도 있다.

〈그림 3-3〉은 상승 추세 도중에 직전 저가가 붕괴된 사례다. 주가가 급상승한 종목에서 자주 나타나는 패턴이다. 이 경우, 직전 저가 붕괴가 일어난 시점(★1)에서 주가와 이동평균선 간 이격이 크다면 그 시점에서 매도하는 것도 한 방법이다. 하지만 이격이 그렇게 크지 않다면 주가가 이동평균선을 하향 돌파(★2)할 때까지 기다리는 것도 좋다.

상승 추세 도중 직전 저가가 붕괴되는 시점에 매도하면 상승 추세가 종료(주가가 이동평균선 하향 돌파)될 때까지 기다렸다가 매도하는 것보다 비싸게 팔 수 있다. 또한 이후 상승 추세가 지속될 경우 재매수할

〈그림 3-3〉 상승 추세 도중 직전 저가 붕괴

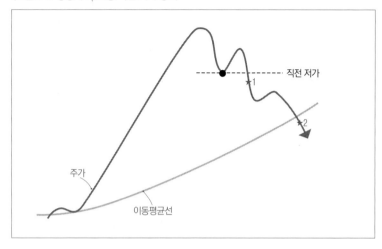

기회를 잡을 수 있다는 장점도 있다.

주식시장 전체의 상황(주가지수와 개별 종목의 추세)에 따라 임기응변으로 대처할 수도 있다. 즉 주식시장 전체적으로 조정 국면이 계속된다고 느껴진다면, 이동평균선 하향 돌파를 기다리지 않고 직전 저가가 붕괴할 때 매도하는 것도 한 방법이다. 판단이 망설여진다면 보유 주식의 반을 직전 저가 붕괴 시, 나머지 반을 이동평균선 하향 돌파 시 매도하는 것도 좋다.

그렇다면 실제 주가 차트를 확인해보자. 〈그림 3-4〉를 보자.

2,820엔의 고가를 찍은 다음 2,112엔(Ⓐ)까지 하락하고, 일시적으로 반등했다가 결국 Ⓐ보다 더 떨어진다. Ⓐ는 25일 이동평균선까지 꽤 거리가 있기 때문에 직전 저가 Ⓐ가 붕괴된 시점인 ★1에서 매도한다.

이런 경우 나는 Ⓐ의 1엔 아래에 역지정가 주문(통상의 매수·매도 주문과 달리, 주가가 지정가를 넘어서면 매수하거나 주가가 지정가를 내려서면 매도하도록 설정한 주문–옮긴이)을 설정해 Ⓐ보다 하락하면 즉시 매도되게 한다. 차트를 보면 알 수 있겠지만 주가가 급속하게 상승한 다음에는 하락도 급속히 진행되는 일이 많다. 만약 Ⓐ가 붕괴된 다음 날 매도한다고 하면 시가에 매도하더라도 매우 낮은 가격에 팔 수밖에 없다.

2,112엔의 1엔 아래인 2,111엔에 역지정가 주문을 넣어두면 2,111엔에 가까운 가격에서 매도할 수 있으므로 다음 날 장 시작과 함께 매도하거나 25일 이동평균선을 명확히 하향 돌파한 다음 날(★2) 매도하는 것보다 꽤 높은 가격에 팔 수 있다.

〈그림 3-4〉 상승 추세 도중 직전 저가가 붕괴할 때

단기간 급등 시 매도

주가의 상승 속도는 천차만별이다. 깔끔하게 점진적인 상승을 지속하는 경우가 있는가 하면 말도 안 되는 속도로 뛰어 올라가는 일도 적지 않다. 특히 머더스Mothers(도쿄증권거래소)나 자스닥JASDAQ 같은 신흥 시장에 상장되어 있는 종목이나 발행 주식 수가 적은 소형주에서는 단기간에 주가가 몇 배나 급상승하는 것을 종종 볼 수 있다.

주가가 단기간에 급등한 경우, 주가와 이동평균선 사이에 큰 이격이 생긴다. 그 상태에서 일반적인 주가 추세 분석을 사용하여 주가가 이동평균선을 하향 돌파할 때를 기다려 매도하려고 한다면 고가에서 크게 하락한 후가 된다. 급등했던 주가가 급락하는 경우에는 이동평균선 붕괴를 기다려 매도하면 전혀 이익이 나지 않을뿐더러 잘못하면 큰 손실을 볼 수도 있다.

이럴 때는 주가 추세 분석 이외의 방법으로 매수 시기를 검토할 필요가 있다. 구체적으로는 다음 같은 방법을 생각할 수 있다. 필요에 따라 각각의 방법을 조합하는 것도 좋다.

〈그림 3-5〉를 보자. ⓐ는 주가가 매수가에서 몇 배나 상승한 시점이다. 이때를 매도 시점으로 잡는 것은 주가가 급속하게 상승한 경우 반락도 크다는 사실을 고려하여 이익 실현을 우선으로 한 전략이다. 주가가 상승 추세 한가운데일지라도 가진 주식 일부를 매도한다.

주가와 이동평균선 간에 큰 이격이 없이 상승을 지속하는 동안에는 무리하게 매도할 필요가 없지만, 주가가 급등하여 이동평균선과의 이격이 커지고 매수가보다 몇 배나 상승했을 때는 일부 매도를 검토한다. 예를 들어 주가와 25일 이동평균선 간 이격이 50%를 넘고 주가가 매수가의 2배가 되면 가진 주식의 2분의 1을 매도해도 좋고, 주가가 3배가 됐을 때 보유 주식의 3분의 1을 매도해도 괜찮다.

이렇게 하면 남은 보유주를 언제 팔아도 전체적으로 이익을 낼 가능성이 있다. 언제 팔아도 손실이 없는 상태라는 것은 심리적으로 커다란 플러스 요인이다.

오른쪽 상단에 있는 박스에서 ⓑ는 봉의 형태를 보고 천장의 가능성이 큰 상태를 판단하는 방법을 보여준다. 실제 천장을 찍을 때 봉의

〈그림 3-5〉 단기간의 주가 급등 시 매수 시기

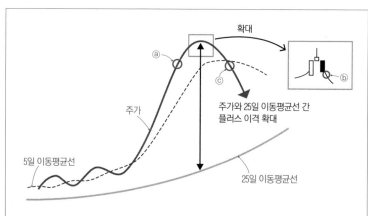

ⓐ 상승 추세 도중이더라도 주가가 매수가의 2배, 3배가 되는 시점에서는 보유주 일부를 매도한다.
ⓑ 천장 가능성을 시사하는 특정 봉의 형태가 나타날 경우 매도한다.
ⓒ 일봉차트라면 25일 이동평균선 대신 5일 이동평균선을 사용해 판단한다.

형태에는 일정한 특징이 있다. 물론 이런 형태가 출현한다고 100% 천장을 찍는 것은 아니지만 가능성이 크다는 얘기다. 이 형태가 출현하면 적어도 보유주 일부를 매도하여 수익을 확정하는 것이 좋다.

ⓒ는 기간이 짧은 이동평균선을 사용하여 보다 높은 주가 위치에서 하락 추세로 전환되는 포인트를 나타내는 방법이다. 주가가 단기간에 급등한 종목은 25일 이동평균선은 물론이고, 기간이 짧은 5일 이동평균선 역시 하락 없이 상승을 지속한다. 이런 상황에서 주가가 5일 이동평균선을 하향 돌파한다면 주가의 급상승에 제동이 걸렸다고 판단하고 일부 매도한다. 이미 만족할 만한 이익을 얻었다면 보유주를 모두 매도해도 좋고, 일부 남겨두어 추가 상승을 기대하는 것도 좋다.

지금부터는 주가가 천장을 칠 때 출현하기 쉬운 봉 형태 몇 가지를 소개하겠다.

우선 봉이 하나로 나타나는 형태로, '장대음봉'과 '긴 위꼬리'가 있다. 〈그림 3-6〉을 보자.

우선 '장대음봉'이다. 장대음봉은 몸통이 긴 음봉으로 시가 이후 크게 하락하여 거래가 종료된 것이다. 장대음봉은 매도 에너지가 상당히 강한 것을 나타낸다. 주가가 크게 상승한 지점에서 갑자기 장대음봉을 만들며 크게 하락한 경우에는 매우 조심해야 한다. 지금까지의 상승 기조가 끝나고, 주가가 천장을 찍고 하락으로 전환될 가능성이 크기 때문이다. 참고로, 주가가 하락하는 도중에 장대음봉이 출현한 경우에도 하락이 속도를 더할 가능성이 있으므로 주의해야 한다.

다음은 '긴 위꼬리'다. 긴 위꼬리는 일시적으로 크게 상승했으나 매도 압력이 강해져 주가가 원래 수준에 가깝게 돌아온 것을 나타낸다. 즉, 여기서부터의 주가 수준에서는 매도 수요가 높고, 주가가 더욱 상승하기는 어렵다는 것을 의미한다. 그러므로 주가가 크게 상승한 지

〈그림 3-6〉 천장 형성 시 출현하기 쉬운 장대음봉과 긴 위꼬리

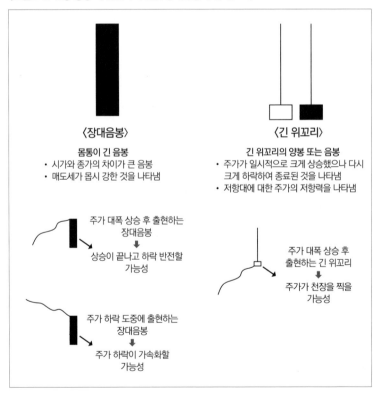

점에서 긴 위꼬리가 출현한 경우에는 위꼬리 끝에서 주가가 천장을 찍을 가능성이 크다고 판단할 수 있다.

다음은 봉이 2개 나란히 있는 형태다. 〈그림 3-7〉을 보자.

구체적으로 첫 번째 봉이 양봉, 두 번째 봉이 음봉의 조합이다. 대표적인 것으로 '약한 하락장악형(흑운형)', '양의 타스키형', '하락장악형'이 있다. 이들 2개의 봉을 하나로 나타내보면 모두 '긴 위꼬리'의 봉과 마찬가지라는 것을 알 수 있다. 〈그림 3-6〉의 긴 위꼬리 패턴과 마찬가지다. 주가가 크게 상승한 지점에서 이런 조합의 봉이 나타날 경우, 주가는 천장을 찍을 가능성이 크다고 판단할 수 있다.

〈그림 3-7〉 천장 형성 시 출현하기 쉬운 '양봉 + 음봉' 조합

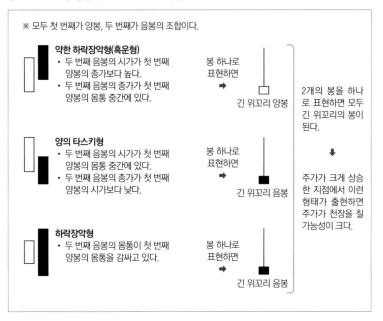

※ 모두 첫 번째가 양봉, 두 번째가 음봉의 조합이다.

약한 하락장악형(흑운형)
· 두 번째 음봉의 시가가 첫 번째 양봉의 종가보다 높다.
· 두 번째 음봉의 종가가 첫 번째 양봉의 몸통 중간에 있다.

봉 하나로 표현하면 ➡ 긴 위꼬리 양봉

양의 타스키형
· 두 번째 음봉의 시가가 첫 번째 양봉의 몸통 중간에 있다.
· 두 번째 음봉의 종가가 첫 번째 양봉의 시가보다 낮다.

봉 하나로 표현하면 ➡ 긴 위꼬리 음봉

하락장악형
· 두 번째 음봉의 몸통이 첫 번째 양봉의 몸통을 감싸고 있다.

봉 하나로 표현하면 ➡ 긴 위꼬리 음봉

2개의 봉을 하나로 표현하면 모두 긴 위꼬리의 봉이 된다.

↓

주가가 크게 상승한 지점에서 이런 형태가 출현하면 주가가 천장을 칠 가능성이 크다.

2개의 봉을 조합해보면 주가의 천장 가능성을 추측할 수 있지만 정확도는 높지 않다. 왜냐하면 봉 2개만으로는 이후 방향이 어떻게 될지 알 수 없는 경우가 많기 때문이다. 여기에서 봉 3개를 조합해보면 주가의 천장 가능성을 보다 높은 정확도로 추측할 수 있다.

〈그림 3-8〉을 보자. A-1과 B-1에서는 확실하게 주가가 천장을 찍을 가능성을 나타내는 형태이지만 봉은 아직 위를 향하고 있다. 이때는 이어지는 세 번째 봉에 주목해야 한다.

만약 A-2나 B-2 같은 형태가 된다면 봉의 방향이 위쪽을 향하고 있으므로 주가는 아직 천장을 찍지 않았다고 추측한다. 하지만 A-3이나 B-3 같은 형태가 되면 봉의 형태가 역V자가 되어 방향이 확실하게 아래쪽으로 바뀐 것을 알 수 있다. 이 형태는 주가가 천장을 찍었을 가능성이 크다고 추측할 수 있다.

주가가 천장을 찍은 경우에 자주 출현하는 봉의 조합은 '장대양봉 + 긴 위꼬리 + 장대음봉'과 '약한 하락장악형(흑운형) + 장대음봉'이다.

이처럼 봉의 방향이 확실하게 변화했음을 확인한 단계에서 천장을 추측하면 정확도를 높일 수 있다.

실제 주가 차트에서 천장을 찍을 경우 봉의 형태를 확인해보자. 〈그림 3-9-A〉부터 〈그림 3-9-C〉를 보자.

우선 〈그림 3-9-A〉다. 고가에서 장대음봉이 출현하면서 천장을 찍었다. 거래량 급증과 함께 주가가 상승하면 이후 거래량이 급격히 감

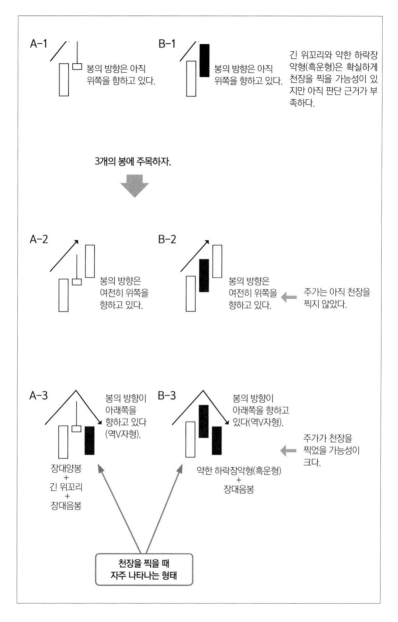

A-1 봉의 방향은 아직 위쪽을 향하고 있다.

B-1 봉의 방향은 아직 위쪽을 향하고 있다.

긴 위꼬리와 약한 하락장 악형(흑운형)은 확실하게 천장을 찍을 가능성이 있 지만 아직 판단 근거가 부 족하다.

3개의 봉에 주목하자.

A-2 봉의 방향은 여전히 위쪽을 향하고 있다.

B-2 봉의 방향은 여전히 위쪽을 향하고 있다.

주가는 아직 천장을 찍지 않았다.

A-3 봉의 방향이 아래쪽을 향하고 있다 (역V자형).

장대양봉 + 긴 위꼬리 + 장대음봉

B-3 봉의 방향이 아래쪽을 향하고 있다(역V자형).

주가가 천장을 찍었을 가능성이 크다.

약한 하락장악형(흑운형) + 장대음봉

천장을 찍을 때 자주 나타나는 형태

소하면서 매도 압력이 커진다. 천장을 찍은 다음에는 이처럼 시세가 하락하는 약세 움직임이 된다.

다음은 〈그림 3-9-B〉다. 전일 장대양봉에서 매수세의 열기를 보여 줬지만 다음 날 장대음봉이 출현하여 약한 하락장악형(흑운형)의 천장이 됐다.

마지막으로 〈그림 3-9-C〉다. 천장에 긴 위꼬리가 나타났으나 이것만으로는 판단이 어렵다. 하지만 그 전날의 장대양봉과 다음 날의 장대음봉을 조합하여 3개의 봉으로 판단하면 '장대양봉 + 긴 위꼬리 + 장대음봉'으로, 전형적인 천장을 형성하고 있음을 알 수 있다.

〈그림 3-9-A〉 천장 형성 시 봉의 실제 사례 1

⟨그림 3-9-B⟩ 천장 형성 시 봉의 실제 사례 2

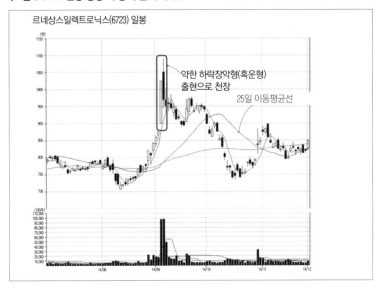

르네상스일렉트로닉스(6723) 일봉

약한 하락장악형(흑운형)
출현으로 천장

25일 이동평균선

⟨그림 3-9-C⟩ 천장 형성 시 봉의 실제 사례 3

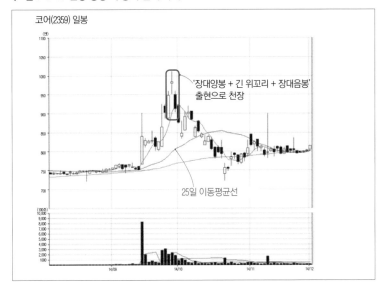

코어(2359) 일봉

'장대양봉 + 긴 위꼬리 + 장대음봉'
출현으로 천장

25일 이동평균선

이상의 설명을 바탕으로 단기간의 주가 급등 시 매도 시기를 어떻게 잡아야 하는지 실제 주가 차트에서 확인해보자. 〈그림 3-10〉을 보자.

Ⓐ 시점에서 주가는 상승 추세로 진입하고 있기 때문에 6,000엔 정도에서 신규 매수를 할 수 있다. 그 이후에 주가는 급상승하여 25일 이동평균선과의 이격도가 200%를 넘는 과도한 수준이 됐다.

주가가 상승 추세 도중이라도 매수가의 3배가 되면 일부를 매도하는 것으로 결정하여, 예를 들면 18,000엔에 일부를 매도한다(ⓐ). 그 뒤 9월 2일에 전일 종가보다 큰 폭으로 상승하여 25,800엔의 고가를 찍은 뒤 크게 반락하여 마감했다. 이것은 흑운형이며 주가가 천장을 칠

〈그림 3-10〉 단기간의 주가 급등 시 사례

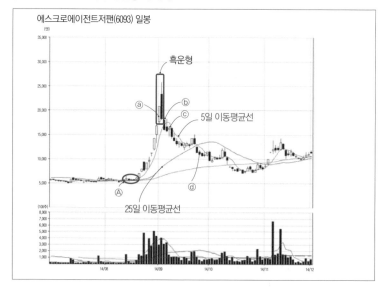

가능성이 크다는 신호이므로 다음 날 장 시작과 함께 매도한다ⓑ.

그리고 5일 이동평균선을 명확하게 하향 돌파한 다음 날의 시가 매도 역시 현명한 매도 방법의 하나다ⓒ.

물론 고가 25,800엔 근처에서 매도할 수 있다면 더할 나위 없지만 그것은 무리한 이야기다. 고가라는 것은 결과가 나온 다음에야 알 수 있기 때문이다. ⓐ~ⓒ에서 매도할 수 있다면 그래도 18,000엔~16,000엔이기 때문에 충분한 수익이라고 할 수 있다.

25일 이동평균선을 명확하게 돌파한 다음 날 장이 시작되기를 기다려서 매도하면 12,000엔까지 내려간다ⓓ. 단기간에 주가가 급등하여 천장을 칠 가능성이 클 경우에는 25일 이동평균선 붕괴를 기다리지 말고 매도하는 것이 상책임을 알 수 있다.

급등락 이후 매도

주가를 움직이는 호재, 예컨대 순조로운 실적 예상, 타사와의 제휴, 신제품 발표 등이 출현하면 급등까지는 가지 않더라도 단기간에 주가가 크게 움직일 수 있다. 그런데 그 호재 요소를 주가가 빠르게 반영해버리면 〈그림 3-11〉처럼 1~2일 정도는 큰 폭으로 상승하지만 그 다음 날(빠른 경우에는 당일에도) 급락해 원래 주가에 가까운 수준으로 되돌아간다.

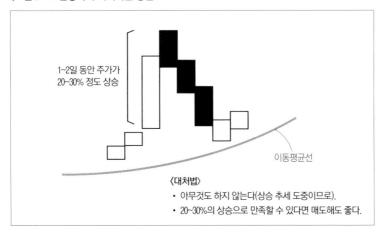

1~2일 동안 주가가
20~30% 정도 상승

이동평균선

〈대처법〉
- 아무것도 하지 않는다(상승 추세 도중이므로).
- 20~30%의 상승으로 만족할 수 있다면 매도해도 좋다.

종목이나 호재의 성격에 따라 다르지만, 이런 사례에서는 주가가 1~2일 동안 20~30% 정도 상승한다. 만약 이 정도의 상승으로 만족할 수 있다면 이즈음에서 매도하면 된다.

하지만 주가가 상승 추세를 유지하는 동안 보유를 지속한다는 원칙에서 볼 때는 20~30% 정도의 상승에서는 매도를 생각하지 않는 것이 일반적이다. 이런 국면에는 아무것도 할 수 없기 때문이다. 물론 앞서 '단기간 급등 시 매도'에서 설명한 것처럼 단기간에 주가가 몇 배까지 상승한 경우는 별도로 하고 말이다.

그보다 중요한 것은 이와 같은 움직임이 있을 때 대개는 거래량이 크게 늘어난다는 점이다. 이는 짧은 시간에 발생한 급등락으로 고가에 매수한 투자자가 많다는 것을 나타내며, 이들은 어느 때고 기회만 되면 팔아야겠다고 벼르고 있을 것이다. 그들의 매도 압력을 이겨내지 못하면 주가는 상승할 수 없으며, 이는 수급 면에서 분명한 마이너스 요인이 된다. 그러니 다른 유망한 종목이 있다면 이 종목을 매도하고 그것으로 갈아타는 전략도 자금 효율 면에서 고려할 만하다.

실제 주가 차트에서 확인해보자. 〈그림 3-12〉를 보자.

Ⓐ 지점에서 상승 추세에 돌입했음을 확인하고 1,000엔대 전반에서 신규 매수를 했다. 그 뒤 주가는 위아래로 움직이면서도 상승 추세를 이어갔다. 11월 13일이 되자 1,100엔대 전반에서 장을 시작한 주가는 단숨에 1,360엔까지 뛰어 올라갔다. 하지만 바로 상승 동력을 잃고 결국 1,100엔대 후반에서 마감했다. 다음 날 이후에는 하락 기조가 되어 결국 25일 이동평균선도 하향 돌파해 상승 이전의 주가와 거의 비슷

〈그림 3-12〉 급등 가격에 대한 대처법의 실제 사례

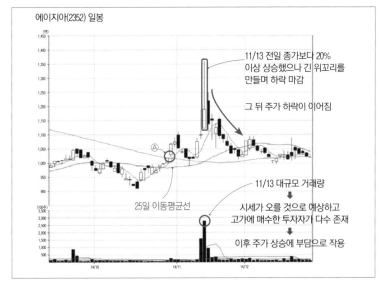

에이지아(2352) 일봉

11/13 전일 종가보다 20% 이상 상승했으나 긴 위꼬리를 만들며 하락 마감

그 뒤 주가 하락이 이어짐

25일 이동평균선

11/13 대규모 거래량
↓
시세가 오를 것으로 예상하고 고가에 매수한 투자자가 다수 존재
↓
이후 주가 상승에 부담으로 작용

한 수준까지 하락했다.

 '매수가로부터 약 30% 상승한 1,300엔에서 지정가 매도 주문을 한다면 잘 매도할 수 있지 않을까?'라고 생각할 수 있을 것이다. 하지만 이는 생각은 간단하지만, 일이 끝난 후 뒷북을 치는 것에 지나지 않는다. 물론 매도가로부터 30% 상승한 가격에 매도한다는 규칙을 세웠다면 훌륭하게 매도했겠지만, 주가 추세 분석에서는 단기간에 주가가 몇 배나 상승하는 경우를 제외하고는 상승 추세인 한 보유를 지속하는 것이 원칙이다. 항상 30%의 이익에서 만족할 수 있다면 상관없지만, 만약 큰 폭의 시세 변동이 찾아온 경우에는 많은 이익을 얻을 기회를 놓칠 수도 있다.

 11월 13일 거래량을 보면 다른 날에 비해 무척 증가한 것을 알 수 있다. 이것은 당일의 고가 부근에서 매수하여 물린 투자자가 상당히 많다는 것을 나타낸다. 이날의 고가 1,360엔을 넘어서지 않는 한, 주가가 상승하기 어려운 수급 상황이 된다는 점을 이 거래량의 추이로 읽어내는 것도 중요하다.

손절매 포인트는 여기!

여기서부터는 손절매 시점에 대해 이야기하겠다. 손절매는 실패했을 경우의 손실을 최소화하기 위해 필요한 조치다. 손절매가 적절하게

행해지느냐 아니냐에 따라 주식투자의 성과가 결정된다고 해도 과언이 아니다.

손절매는 '매도'의 한 방법이지만 매우 중요하기 때문에 보통 매도와는 구별해서 설명하겠다. 일봉차트를 이용하는 경우, 손절매 시기에는 다음과 같이 네 가지가 있다.

> ① 25일 이동평균선 붕괴 시 손절매

> ② 직전 저가 붕괴 시 손절매

> ③ 5일 이동평균선 붕괴 시 손절매

> ④ 매수가로부터의 하락률을 기준으로 한 손절매

손절매는 '매도'의 한 종류이므로 앞서 설명한 매도를 참조하면 된다.

〈그림 3-13〉을 보자. 여기에서는 ★1과 ★2의 상승 추세에서 매수한 경우 주가가 하락 추세로 전환될 가능성이 큰 시점, 즉 주가가 이동평균선을 하향 돌파할 때(■1, ■2) 손절매를 실행하는 것을 원칙으로 한다.

그런데 ①의 경우 주가가 이동평균선을 하향 돌파했음에도 아직 이동평균선 자체는 위쪽을 향하고 있다. 보유 주식의 일반적인 매도라면 이동평균선 자체가 횡보 또는 하향할 때까지 기다리겠지만, 손절매의 경우에는 그 시점을 기다리지 않고 실행해야 한다.

손절매는 손실을 최소화하는 것이 목적이다. 주가가 이동평균선을 하향 돌파하여 하락 추세로 전환될 가능성이 커진 시점에 손실을 확정하는 편이 손절매의 취지에서 볼 때 바람직하다고 할 수 있다.

원칙적으로 손절매는 ① 시점에서 실행하는 것이 좋겠지만 매수 시기에 따라 이동평균선 붕괴를 기다려 손절매한 경우, 손실이 커지기도 한다. 이 경우에는 다른 방법으로 손절매 가격을 설정해야 한다.

〈그림 3-13〉 손절매 시기(■1~■7)

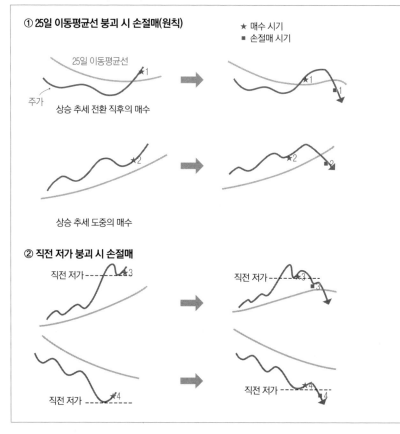

그중 하나가 ②의 '직전 저가 붕괴'다. 보통은 직전 저가 붕괴보다 앞서거나 거의 같은 시점에 이동평균선 붕괴가 발생하기 때문에 손절매 방법을 쓸 필요가 없다. 하지만 ★3처럼 주가가 단기간에 크게 상승한 종목을 매수했을 때는 이 방법을 검토하는 것이 좋다. 만약 이동평균선 붕괴 시 손절매를 한다면 손실률이 10%를 크게 초과하지만

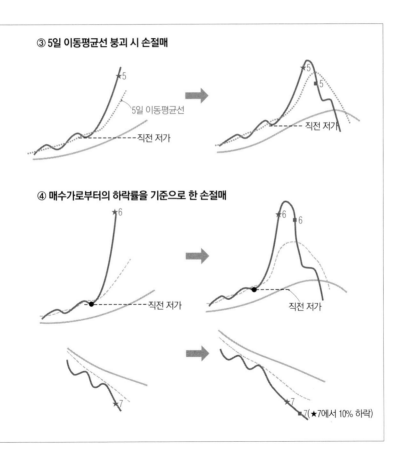

③ 5일 이동평균선 붕괴 시 손절매

5일 이동평균선

직전 저가

④ 매수가로부터의 하락률을 기준으로 한 손절매

직전 저가

직전 저가

7(★7에서 10% 하락)

직전 저가 붕괴를 손절매 기준으로 설정할 때 손실률을 10% 정도로 억제할 수 있다면, ■3에서 손절매를 하는 것이 좋다. 또 ★4에서의 매수처럼 급락 시의 반등을 노리는 등 하락 추세 도중에 신규 매수를 하는 경우도 주가가 처음으로 이동평균선을 하향 돌파했기 때문에 ①을 사용할 수 없다. 따라서 ■4의 직전 저가 붕괴를 손절매 기준으로 한다.

하지만 주가가 단기간에서 급등한 시점에 신규 매수를 한 경우처럼, ①이든 ②든 손절매의 손실률이 높아지는 경우가 있다. 이때 임시 방편으로 사용할 수 있는 방법이 ③과 ④다.

③은 보다 단기간의 이동평균선을 이용하여 손절매 가격을 설정하는 방법이다. 일봉차트에서 25일 이동평균선보다는 5일 이동평균선을 기준으로 손절매를 한다. 이 방법을 취하면 주가가 단기간에 급등한 국면에서 사지 않는 한, 손실률을 10% 이하로 억제할 확률이 높아진다.

①~③의 어떤 방법을 써도 손실률을 10% 이하로 억제할 수 없는 경우에는 매수가에서 일정 비율(예를 들어 10%)을 손절매 가격으로 설정하는 ④의 방법을 사용한다.

예를 들어 ★6 시점처럼 주가 급등 국면에서 매수하여 25일 이동평균선과 직전 저가뿐만 아니라 5일 이동평균선보다도 매수가가 꽤 높은 경우, 25일 이동평균선 붕괴나 직전 저가 붕괴 또는 5일 이동평균선의 붕괴를 기다리지 않고 ★6에서 10% 내려간 ■6 시점에 손절매한다. 또는 ★7처럼 주가 급락 시 하락 도중의 반등을 노려 매수하여 직전 저가도 존재하지 않고 25일 이동평균선은 물론 5일 이동평균선도 크게 붕괴된 상태에서는 ★7에서 10% 하락한 ■7 시점에 손절매한다.

이를 실제 주가 차트에서 확인해보자.

〈그림 3-14-A〉는 ①의 25일 이동평균선 붕괴 시 손절매하는 사례다. 상승 추세에 들어간 직후인 ★1에서 신규 매수를 한 예로, 25일 이동평균선을 명확하게 하향 돌파한 다음 날 장 시작과 함께 ■1에서 손절매를 한다.

〈그림 3-14-B〉는 상승 추세 도중인 ★2에서 신규 매수를 한 예로, 25일 이동평균선을 하향 돌파한 다음 날 장 시작과 함께 ■2에서 손절매한다.

〈그림 3-14-C〉는 ②의 직전 저가 붕괴 시 손절매하는 사례다. ★3에서 1,250엔에 신규 매수를 했다. 이동평균선 붕괴를 기다려 손절매를 하면 손실이 20%를 초과할 위험이 있으므로 직전 저가 아래로 내려선 ■3의 지점에서 손절매를 실행한다.

직전 저가 붕괴 시 손절매를 하는 경우는 결정한 가격에서 손절매가 확실히 실행되도록 매수하자마자 직전 저가의 1엔 아래에 역지정가 매도 주문을 설정해두도록 하자.

〈그림 3-14-D〉는 ②의 직전 저가 붕괴 시 손절매하는 사례 중 하락 추세 도중 저가권에서의 매수를 노리는 경우다. 9,300엔의 저가에서

〈그림 3-14-A〉 25일 이동평균선 붕괴 시 손절매 사례 1

〈그림 3-14-B〉 25일 이동평균선 붕괴 시 손절매 사례 2

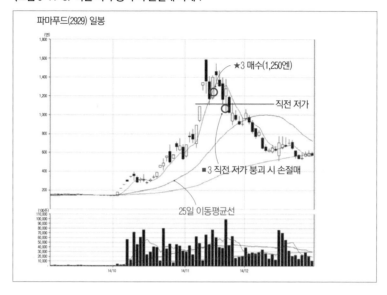

〈그림 3-14-C〉 직전 저가 붕괴 시 손절매 사례 1

조금 회복된 ★4에서 신규 매수를 하고 그다음 9,300엔을 붕괴한 시점인 ■4에서 직전 저가 붕괴로 여기고 손절매를 한다.

③의 5일 이동평균선 붕괴 시 손절매의 사례도 〈그림 3-14-D〉에 들어 있다. ★5에서 신규 매수를 했지만 25일 이동평균선과 직전 저가에서 크게 떨어져 있기 때문에 이들은 손절매 가격으로 정할 수 없다. 그러므로 5일 이동평균선이 붕괴되는 ■5에서 손절매를 한다.

그다음은 ④의 매수가로부터의 하락률을 기준으로 한 손절매다. 9월 2일 장 시작과 함께 ★6에서 23,300엔으로 신규 매수를 했다면, 25일 이동평균선과 직전 저가 그리고 5일 이동평균선으로부터 거리가 먼 이 시점에서는 매수가로부터의 하락률을 기준으로 손절매 가격을

〈그림 3-14-D〉 직전 저가 붕괴 시 손절매 사례 2

※ '5일 이동평균선 붕괴 시 손절매 사례', '매수가로부터의 하락률을 기준으로 손절매하는 사례'도 포함

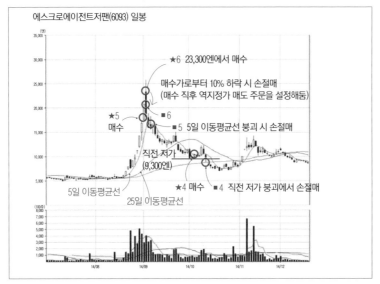

설정할 수밖에 없다. 23,300엔에서 신규 매수를 한 직후 매수가에서 10% 하락한 가격인 20,970엔에 역지정가 매도 주문을 넣는다. 이 주문이 실행되면 20,970엔 근처의 ■6에서 손절매를 하게 된다. 차트에서도 확인할 수 있듯이, 만약 매수가의 10% 아래 가격에 역지정가 매도 주문을 넣어두지 않으면 매수를 한 당일 하루 만에 20%의 손실을 끌어안게 된다.

〈그림 3-14-D〉의 차트는 〈그림 3-10〉과 마찬가지다. 〈그림 3-10〉은 매도 시점을 설명한 것이고 〈그림 3-14-D〉는 손절매 시점에 대한 설명이라는 차이만 있을 뿐이다. 같은 종목인데도 매수 시기 하나로

천국과 지옥처럼 결과가 다르다. 적절하게 손절매를 하지 않으면 눈 깜짝할 사이에 큰 손실을 입고 어떻게도 할 수 없는 사태를 맞이할 수 있다.

마지막으로 〈그림 3-14-E〉를 보자. 주가가 급속하게 하락하여 직전 저가도 존재하지 않고, 주가가 25일 이동평균선은 물론 5일 이동평균 선보다도 아래에 있는 시점에서의 반등을 노려 주가 추세와 반대되는 매수를 한 예다. 이때도 ④ 매수가로부터 하락률을 기준으로 한 손절 매 패턴을 적용한다. ★7에서 1,585엔에 매수하여 그 직후 매수가보다 10% 아래인 1,426엔에서 역지정가 매도 주문을 설정한다. 실제로 주가 는 하락이 이어져 1,426엔 근처인 ■7에서 손절매가 실행된다.

〈그림 3-14-E〉 매수가로부터의 하락률을 기준으로 손절매한 사례

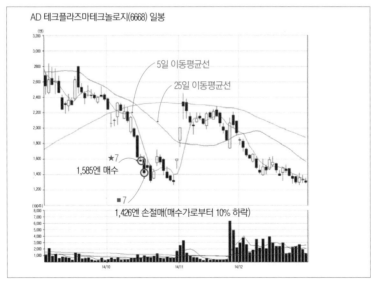

주식시장은 생각대로 움직이지 않을 때가 많다. 주식투자에는 주관이 전혀 통하지 않는다고 생각하는 편이 나을지도 모른다. 따라서 매매 규칙을 세울 때는 주관이 개입하지 않는 방법을 써야 큰 실패를 방지할 수 있다.

주가 차트를 사용한 손절매는 객관성이 있는 가격을 기준으로 주관을 배제하고 기계적으로 실행할 수 있다는 것이 장점이다. 하지만 앞의 ④에서 봤듯이 매수가로부터의 하락률을 이용한 손절매만은 다르다. '나만의 매수가'라는, 주식시장과는 아무런 관계도 없는 가격을 기준으로 삼기 때문에 객관성이라는 면에서는 다른 방법보다 크게 뒤떨어진다.

손절매는 본래 주가가 상승 추세에서 하락 추세로 전환될 가능성이 큰 시점에서 해야 하는데, 아직 주가가 상승 추세에 있음에도 손절매를 해야만 하는 모순이 생기는 일도 많다. 실제로는 ④의 방법으로 손절매를 한 다음, 주가가 반등하여 상승하는 사례도 적지 않다.

〈그림 3-15〉를 보자. 자칫하면 〈그림 3-15〉처럼 주가는 계속 상승 추세인데 '신규 매수 → 10% 하락 손절매 → 주가가 반등하여 재매수 → 10% 하락 손절매'라는 악순환의 고리에 빠질 수 있다.

그렇다고 손절매를 하지 않는 것이 좋으냐면, 그렇지도 않다. 단기간의 급락 후에 다시 상승하면 다행이지만 급락 후에도 상승하지 않고 최종적으로 크게 하락하는 일도 많기 때문이다.

실제 주가 차트 〈그림 3-16〉을 보자.

〈그림 3-15〉 주가 급등 시 매수

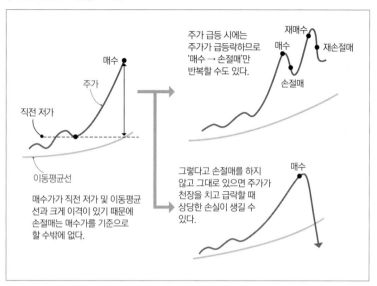

주가 급등 시에는
주가가 급등락하므로
'매수 → 손절매'만
반복할 수도 있다.

그렇다고 손절매를 하지
않고 그대로 있으면 주가가
천장을 치고 급락할 때
상당한 손실이 생길 수
있다.

매수가 직전 저가 및 이동평균
선과 크게 이격이 있기 때문에
손절매는 매수가를 기준으로
할 수밖에 없다.

〈그림 3-16〉 상승 추세에서도 손실을 볼 수 있는 매수 시점

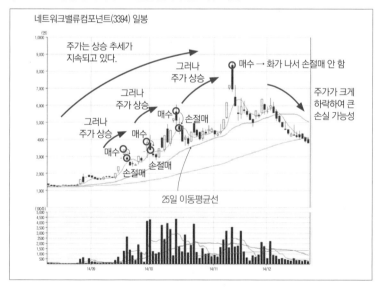

주가는 12월에 25일 이동평균선을 하향 돌파할 때까지 상승을 지속하고 있다. 하지만 이동평균선과 크게 이격이 생긴 시점에서 신규 매수를 하면 '매수 → 바로 손절매'를 반복하는 함정에 빠지게 된다. 똑같은 일을 세 번 반복한 후 네 번째 매수에서 약이 올라 손절매를 하지 않고 있으면 어느새 주가는 천장을 찍고 큰 손해를 안길 수 있다.

이처럼 주가와 이동평균선 간 이격이 커진 국면에서 매수하는 것은 좋은 전략이 아니다. 손절매를 하려고 해도 주가가 잘 회복되지 않고, 그렇다고 손절매를 하지 않으면 주가가 크게 하락하여 큰 손실을 볼 가능성도 있기 때문이다.

주가가 급등하는 종목을 보면 단기간에 더욱 상승할 것 같은 마음이 든다. 그래서 얼른 매수하여 조금이라도 더 고가에 팔고 싶은 마음이 되기 쉽다. 하지만 손절매와 재매수를 몇 번이나 반복하다 보면, 아무리 상승 추세가 지속된다고 해도 수익을 얻기는커녕 손실만 쌓이게 된다. 그러므로 매수가로부터의 하락률을 이용한 손절매를 할 필요가 없도록 애초에 매수 시점을 잘 잡는 것이 매우 중요하다.

②와 ③의 손절매 방법도 마찬가지다. 아직 주가가 상승 추세임에도 손절매를 해야만 하는 상황이기 때문이다. 주가가 상승 추세에 있는 동안에는 주식을 보유하는 것이 원칙이다. 이 원칙을 거스르고 손절매를 해야만 하는 매수 시기는 가능한 한 피하자.

구체적으로 말하면, 주가가 직전 저가와 이동평균선에서 크게 이격이 있는 상태에서는 매수를 최대한 피해야 한다는 얘기다. ①의 방법을 사용하여 손절매가 가능한 시점에서 매수를 실행하는 것이 가장 이상적이다.

매수 시기가 적절하지 않으면 이후 매도와 손절매에까지 영향을 미치게 된다. 이는 두말할 것도 없이 투자 성과와도 직결되는 중요한 문제다.

펀더멘털의 변화를 눈치챈 다음에 손절매하면 늦다

이 책은 주가 차트를 핵심으로 하므로 펀더멘털 원칙에 대해서는 다루지 않았지만 펀더멘털을 기본으로 하는 손절매 방법도 있다. 실적의 성장 둔화나 하향 조정 등 펀더멘털이 악화됐다고 판명되는 시점에서 손절매하는 것이다.

하지만 개인 투자자는 기관 투자자보다 정보를 얻는 속도가 늦기 때문에 펀더멘털 변화를 감지한 시점에서는 이미 주가가 크게 하락한 상태인 경우가 많다. 따라서 개인 투자자에게는 〈그림 3-17〉처럼 주가 차트와 이동평균선을 판단 기준으로 한 손절매 방법이 펀더멘털의 변화에 따른 손절매보다 더 나은 방법이다.

그러면 실제 주가 차트와 기업 실적을 비교하여 검증해보자. 〈그림 3-18〉을 보자. 실적 추이상으로는 높은 성장이 계속되고 있는 것처럼 보인다. 지금까지의 실적만이 아니라 이번 분기의 실적 예상치도 이

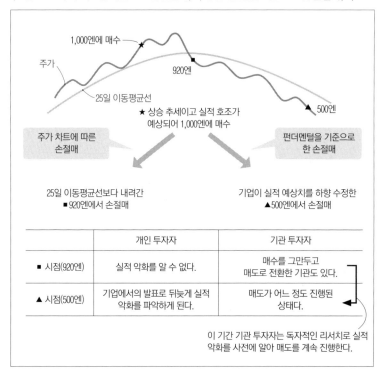

〈그림 3-17〉 주가 차트를 기준으로 한 손절매(■)와 펀더멘털을 기준으로 한 손절매(▲)

1,000엔에 매수 ★

920엔

주가

25일 이동평균선

★ 상승 추세이고 실적 호조가
예상되어 1,000엔에 매수

500엔

주가 차트에 따른
손절매

펀더멘털을 기준으로
한 손절매

25일 이동평균선보다 내려간
■ 920엔에서 손절매

기업이 실적 예상치를 하향 수정한
▲ 500엔에서 손절매

	개인 투자자	기관 투자자
■ 시점(920엔)	실적 악화를 알 수 없다.	매수를 그만두고 매도로 전환한 기관도 있다.
▲ 시점(500엔)	기업에서의 발표로 뒤늦게 실적 악화를 파악하게 된다.	매도가 어느 정도 진행된 상태다.

이 기간 기관 투자자는 독자적인 리서치로 실적
악화를 사전에 알아 매도를 계속 진행한다.

익이 큰 폭으로 상승할 것임을 나타내고 있다.

하지만 주가 차트를 보면 2014년 3월에 2,418엔(주식분할 고려 후)의 고
가를 달성한 뒤 하락으로 전환되어 10월에는 921엔까지 하락했다.

실제로는 실적을 달마다 분석하다 보면 어떤 점이 보인다. 전년 동
월 대비 월매출 성장률의 추이를 보면, 2013년 1월 이후 성장률이 계
속해서 150%를 넘었으나 2014년 2월에 150% 이하로 내려갔다.

고성장으로 평가되어 주가가 대폭 상승한 종목은 매년 실적이 늘

〈그림 3-18〉 주가 차트와 실제 매출 비교

팬커뮤니케이션즈(2461) 일봉

- 고성장을 기대할 수 있다고 예측돼 신규 매수(2,200엔 전후)
- 2월의 월매출 발표와 함께 주가 하락
- 주가 추세를 주시했다면 월매출을 몰라도 2,000엔 정도에 손절매할 수 있었다.
- 25일 이동평균선
- 〈회사사계보〉와 결산단신만으로 펀더멘털을 판단하면 고가에서의 손절매 기회를 놓치고 손실이 더 커질 수 있다.

팬커뮤니케이션즈(2461) 실적 추이　　　　　　(단위: 100만 엔)

	매출	영업이익	경상이익	당기순이익
2011년 12월	10,590	1,721	1788	984
2012년 12월	14,482	2,245	2,304	1,639
2013년 12월	22,721	4,075	4,126	2,563
2014년 12월(예상)	33,000	6,200	6,200	3,800
2015년 12월(예상)	40,000	7,700	7,700	4,700

출처: 〈회사사계보〉 2015년 1집

실적 추이만 보면 대폭적인 수익 증가가 계속되어 펀더멘털 측면에서는 전혀 문제가 없어 보인다. 하지만 동월매출을 비교해보면 상황이 달라진다.

월매출액 대비 전년 동월매출 비교

전년 동월 대비 비율(%)

2013년		
	1월	154.8
	2월	151.9
	3월	157.3
	4월	157.0
	5월	159.7
	6월	153.4
	7월	151.9
	8월	166.9
	9월	160.6
	10월	154.2
	11월	153.7
	12월	159.9

전년 동월 대비 150% 초과 지속

전년 동월 대비 비율(%)

2014년		
	1월	161.6
	2월	148.4
	3월	163.7
	4월	157.2
	5월	148.6
	6월	141.8
	7월	127.7
	8월	129.3
	9월	129.0
	10월	137.8
	11월	138.2

2014년 2월에는 2013년 1월 이후 최초로 150% 이하로 내려감
➡ 주가 정점

출처: 팬커뮤니케이션 HP

더라도 실적 성장률이 최고치에 달하면 천장을 찍기 쉬워진다. 팬커 뮤니케이션즈의 경우에도 이 사실을 깨달은 기관 투자자는 성장률의 정점이 올 가능성이 크다고 판단하고 매수를 그만두고 매도를 시작했다. 그 결과 주가는 3월의 고가에서부터 겨우 7개월 말에 62%나 하락했다.

그런데 오히려 3월 초에 지속적인 고성장을 기대하며 2,200엔 전후에서 신규 매수를 한 사람도 있다. 전년도 대비 월매출 상승률이 주가에 크게 영향을 미치고 있음을 깨닫지 못하고 〈회사사계보〉와 결산단신만으로 펀더멘털을 판단한다면 '이렇게 실적이 좋으니까 주가가 내려가도 계속 보유해야겠다'라고 생각하게 된다. 2,000엔 정도까지 하락했을 때도 손절매할 필요성을 전혀 느끼지 못한다. 도리어 '주가가 내려가면 저렴하게 살 수 있으니 매수를 늘리자'라며 값이 내릴 때마다 사들여 평균 매수가를 낮춘다. 이를 '물타기'라고 하는데 이런 식의 물타기로는 손실 규모만 커질 뿐이다.

한편 월매출을 체크하지 않더라도 주가가 하락 추세로 전환된 직후에 '실적이 좋았지만 주가 추세가 변했으니 일단 손절매를 해두자'라고 판단한다면 2,000엔 근처에서 손절매할 수 있었다. 그런 후, 다시 상승 추세로 전환된다면 그때 재매수를 검토하면 된다.

예를 들어 이후 11월에 들어서서 주가가 상승 추세로 전환된 것을 확인하고 1,100엔 전후에서 신규 매수를 할 수 있다. 2,200엔에 매수한 그대로 손절매를 하지 않았을 경우와 비교하여 '2,000엔(손절매 가격) -

1,100엔 = 900엔', 즉 40%나 저렴하게 재매수할 수 있다.

11월 이후 상승 추세로 전환된 것은 10월과 11월 월매출액이 전년도 동월 대비 다소 회복됐기 때문이라고 볼 수 있다.

손절매 이후 재매수 시점

손절매를 실행한 다음 주가가 다시 상승으로 전환되는 일은 드물지 않다. 그러므로 손절매한 주식을 어떤 시점에서 재매수하는지도 중요한 문제다. 기본적으로 다시 상승 추세로 돌아왔을 때가 재매수 시기다. 예를 들어 급상승 중인 주식을 〈그림 3-13〉의 ②, ③, ④와 같은 방법으로 손절매한 경우 손절매한 후에도 주가가 상승 추세를 유지하는 경우가 많다. 이렇게 되면 어느 시점에 재매수를 할지 판단하기가 어렵다. 이때는 '25일 이동평균선을 넘으면 재매수'라는 방법을 생각할 수 있다. 또는 25일 이동평균선과 주가 간 이격이 작아지는 시점으로 생각할 수도 있다. 25일 이동평균선 붕괴를 손절매 가격으로 상정하고 재매수하는 방법이다.

이처럼 25일 이동평균선 붕괴 시 손절매가 가능한 시점에서 사야만 필요 없는 손절매를 줄이고 재매수 시점도 잘 설계할 수 있다. 25일 이동평균선과 주가 간 이격이 커진 시점에서 사는 것만은 절대적으로 피해야 한다.

공매도 포인트는 여기!

공매도는 매도의 일종이지만 약간 특수한 방법이므로 보통의 매도 시기와 분리하여 설명한다.

공매도는 '빌려온 주식을 팔고, 가격이 내려가면 다시 매수(환매)하여 반환하는 것'이다. 보통은 매수한 주식이 상승하는 것으로 이익을 얻지만 공매도에서는 판 주식이 하락해야 이익을 얻는다. 그래서 공매도는 주가가 하락할 가능성이 클 때, 즉 하락 추세일 때 실행하는 것이 원칙이다.

그중에서도 특히 중요한 것은 다음 시점이다. 〈그림 3-19〉의 ★1~ ★5를 보자.

① ★1은 저가권에서 신규 매수하는 것과 정반대 시점이며, 보유주의 매도와 같은 시점이다. 공매도를 한다면 하락 추세이며 가능한 한 주가가 높을 때 실행해야 한다. 단, 상승 추세에서 하락 추세로 막 전환된 시점이므로 다시 상승 추세로 되돌아갈 가능성도 적지 않다는 점을 주의하여 공매도를 진행해야 한다.

손절매는 주가가 다시 이동평균선을 넘어섰을 때이고, 직전 저가까지의 거리가 가까운 경우에는 직전 저가를 넘어섰을 때로 잡아도 좋다.

② ★2, ★2´는 하락 추세 중에 일어난 일시적인 반등 국면을 노리고

시세가 올랐을 때 팔려는 움직임이다. 되돌림 구간의 매도, 즉 앞서 설명한 눌림목 매수의 반대라고 생각하면 된다. 주가는 하락할 때도 직선이 아니라 하락과 일시적 상승을 반복하면서 지그재그로 움직인다. 그리고 대부분의 경우 25일 이동평균선 가까이까지 주가가 돌아온 다음(되돌림) 상승 동력을 잃으면 다시 하락한다. 이때 그 초입을 노려야 한다. 가능한 한 상승 도중이 아니라 한계에 이르러 하락을 시작한 것을 확인한 후 공매도를 한다.

만약 하락 도중에 상승 규모가 커져 25일 이동평균선을 상향 돌

〈그림 3-19〉 공매도 시기

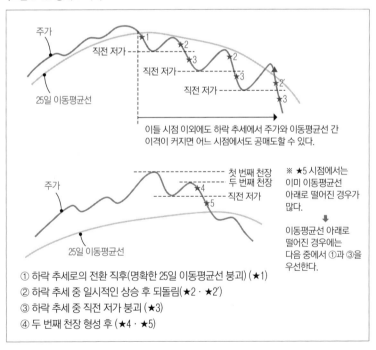

① 하락 추세로의 전환 직후(명확한 25일 이동평균선 붕괴) (★1)
② 하락 추세 중 일시적인 상승 후 되돌림(★2 · ★2′)
③ 하락 추세 중 직전 저가 붕괴(★3)
④ 두 번째 천장 형성 후 (★4 · ★5)

파한 경우에는 〈그림 3-19〉의 ▲가 아니라 ★2′처럼 주가가 25일 이동평균선 아래로 떨어진 것을 확인한 다음 공매도한다.

③ ★3은 하락 추세가 더욱 명확해진 시점이다. 직전 저가 붕괴는 주가가 하락 추세라는 중요한 신호 중 하나이기 때문이다. 단, 이 시점에서는 주가가 이동평균선에서 크게 마이너스 이격을 보이는 상태이므로 손절매 가격을 명확하게 설정하기 어렵다. 이동평균선까지의 이격이 작은 경우에는 이동평균선 상향 돌파 시 손절매를 하면 좋지만, 그렇지 않은 경우에는 매도 직후 매도가에 10%를 더한 가격을 기준으로 하는 등 손실률을 기준으로 손절매 가격을 정할 수밖에 없다.

④ ★4·★5는 일단 고가를 찍은 후 주가가 하락하다가 반등을 했는데, 앞의 고가를 넘지 않고 다시 하락을 시작한 시점이다. 이 경우 주가가 두 번째 천장을 찍을 가능성이 크다. 직전 고가를 넘지 못하고 하락한다는 것은 주가의 상승이 거기서 끝날 가능성이 크다는 것을 나타내기 때문이다. 그리고 두 번째 천장에서 조금 하락한 시점인 ★4보다, 주가가 더 하락하여 직전 저가가 붕괴된 ★5가 실패 가능성이 작다. 손절매 가격은 두 번째 천장이라고 생각되는 주가를 넘어선 지점이다. 만약 첫 번째 천장까지 이격이 작을 때는 첫 번째 천장을 넘어선 순간으로 해도 좋다. 다만, ★5 시점에서는 이미 주가가 이동평균선 아래로 떨어진 경우가 많으며, 이 경우에는 ①과 ③ 시점에 우선하여 공매도를 실행한다. 한편 ★4

시점에서는 아직 상승 추세에 머물러 있기도 하다. 공매도는 하락 추세에 들어간 것을 확인한 다음 실행하는 것이 원칙이지만, 손절매 가격을 확실하게 설정했다면 이 시점에 공매도를 실행해도 문제가 없다.

상기 ①~④ 이외 시점이더라도 하락 추세가 지속되고 주가와 이동평균선 간 이격이 크지 않다면, 주가가 이동평균선을 상향 돌파할 때를 손절매 가격으로 하여 공매도를 실행해도 괜찮다.

그러면 실제 주가 차트를 확인해보자. 〈그림 3-20〉을 보자.

주가가 25일 이동평균선 아래로 명확하게 내려가 있는 지점이 ★1 시점이다. 그 뒤 일시적인 반등이 있고 되돌림이 나타나는 ★2와 ★2′, 직전 저가가 붕괴되는 ★3이 신규 공매도 시기다.

▲1, ▲2는 주가가 반등할 때 이전 고가까지 회복하여 주가가 이동평균선보다 위에 있다. 때에 따라서는 거기서부터 상승 추세로 전환될 가능성도 있기 때문에 주가가 다시 이동평균선 아래로 내려오는 ★2′까지 기다려 공매도해야 한다.

또한 ▲1 부근은 이동평균선 자체는 하향이지만 주가가 이동평균선을 명확하게 넘어섰기 때문에 이전에 실행한 공매도 주식은 일단 환매하는 것이 좋다. 이후 주가가 이동평균선 아래로 확실하게 떨어졌을 때 다시 공매도를 실행하면 된다.

▲2의 부근은 명확하게 이동평균선을 초과한 것은 아니기 때문에

〈그림 3-20〉공매도 시기 사례

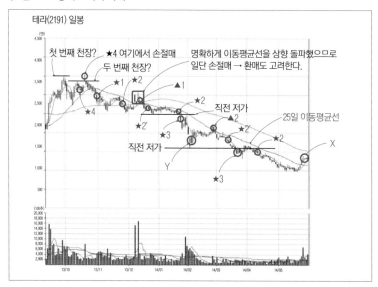

공매도한 가격보다 아래이면 환매하지 않고 좀더 두고 보는 것이 낫다. 이 차트의 사례에서는 즉시 반락하여 주가가 다시 이동평균선 아래로 떨어졌다.

★4는 두 번째 천장을 형성한 후 조금 반락한 시점이다. 아직 상승추세 도중이지만, 두 번째 천장을 손절매 가격으로 정하고 미리 역지정가 환매 주문을 넣어둔다. 그러면 주가가 두 번째 천장을 넘어섰기 때문에 거기서 손절매가 실행된다. 그다음 바로 주가가 하락으로 돌아서지만 그것은 어쩔 수 없다. 이후 ★1~★3 시점에서 공매도를 다시 하면 된다.

공매도한 주식을 다시 사들이는 시점

공매도를 한 경우 상승 추세로 전환될 가능성이 생기는 시점, 구체적으로 말하자면 주가가 이동평균선을 다시 넘었을 때 환매한다. 〈그림 3-20〉에서 보면 X 지점이다. 단, 〈그림 3-20〉의 Y처럼 주가가 급락하여 이동평균선과의 거리가 멀어졌을 때는 주가가 이동평균선을 넘는 것을 기다리지 않고 환매하여 이익을 확정하는 것이 좋다(재매수 시기에 대해서는 2장 '하락 추세에서의 매수 시기'를 참고하자).

공매도로는 큰 이익을 추구하기보다 하락 추세가 지속되는 중에도 조금씩 이익을 남기는 정도로 여기는 것이 적당하다.

공매도는 반드시 하락 추세에서 해야 한다

공매도는 기본적으로 하락 추세임을 확인한 다음에 해야 한다.

가끔 보면 주가가 상승하는 도중에 공매도를 하는 투자자도 있다. 특히, 실적이 나쁜데도 주가가 크게 상승하는 종목을 펀더멘털 분석만으로 판단하여 '이렇게 실적이 나쁜 종목의 주가가 지금까지 상승하다니 이상하다. 머지않아 주가가 하락할 것이다'라며 공매도를 실행하는 사례가 많다. 하지만 이것은 주가의 추세에 반하는 투자 행동이므로 해서는 안 된다.

〈그림 3-21〉처럼 주가가 상승 추세에 있을 때 공매도를 하면 자칫 손해가 커질 수 있다. 예컨대 신용매수잔고가 큰 종목에서는 환매에 따른 주가 상승을 노려 매수세가 유입되기도 한다. 매수세가 유입되어 주가가 상승하면 그 압력을 이기지 못하고 환매를 해야 할 수도 있으므로 그럴 때는 큰 손해를 안게 된다.

그러므로 공매도는 주가가 하락 추세인 시점에 해야 한다는 점을 원칙으로 삼아야 한다. 다만 〈그림 3-19〉의 ★4, ★5처럼 상승 추세 도중에 실행할 수도 있는데, 이럴 때는 사전에 손절매 가격을 반드시 정해두어야 한다.

그리고 신용매수잔고가 급격하게 증가하는 종목은 손절매를 위한

〈그림 3-21〉 상승 추세 도중에는 공매도해선 안 된다

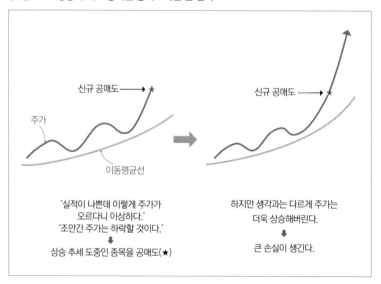

환매를 하게 될 가능성이 크므로 공매도를 피하는 것이 무난하다.

하나의 사례로 〈그림 3-22〉를 보자.

이 종목은 11월 하순부터 갑자기 움직여서 다음 해 3월이 되자 고가 115엔을 가볍게 돌파했다. 주봉차트를 보면 이 115엔은 매우 중요한 시점이라는 것을 알 수 있다. 주가 추세 분석상으로 보면 이 차트는 115엔을 넘으면 '매수'가 바른 선택이다. 그런데 '이 종목의 주가가 이렇게까지 상승하는 것은 뭔가 이상하다'라고 판단하여 매수가 아니라 공매도를 한다면, 매우 위험한 상황에 처하게 된다.

이 주식은 1주일 만에 295엔까지 2배로 상승했다. 거기에서 조정 국면으로 들어섰으므로, 이전에 150엔 전후에서 공매도를 했다고 한다

〈그림 3-22〉 상승 추세 도중 공매도 사례

면 최종적으로는 150엔 아래로 떨어졌으므로 손해를 보지 않았을지도 모른다. 하지만 이것은 어디까지나 결과론일 뿐이다.

만약 주가 상승의 배경에 자신이 모르는 호재 요소가 숨겨져 있다면 공매도한 가격에서부터 5배, 10배의 상승이 일어났을 수도 있다. 이런 상황에서 신용거래 가능한 자원을 모두 투입했다면 주가가 2배로 상승한 순간 투자금을 모두 날리고 말았을 것이다.

주가는 수요와 공급의 힘으로 결정된다. 매수의 힘이 강한 상승 추세 도중에 공매도를 하는 것은 매우 위험한 행동이다. 한 번의 큰 실패가 돌이킬 수 없는 손실로 이어질 수 있다는 사실을 기억하자.

그랜빌의 법칙

주가와 이동평균선의 위치 관계를 이용하여 주식의 매매 시기를 나타낸 유명한 법칙으로 '그랜빌의 법칙'이 있다.

그랜빌의 법칙은 주가 추세 분석의 매매 시점 판단과 매우 비슷하다. 단, 몇 가지는 주가 추세 분석에서는 매매 시점으로 생각하지 않거나 진중하게 판단해야 하는 것도 있다.

여기에서는 그랜빌의 법칙을 소개하면서 주의점도 함께 이야기하겠다.

〈그림 3-23〉을 보자. 그랜빌의 법칙은 전부 여덟 가지이며 그중 ①~④의 네 가지가 매수 신호, ⑤~⑧의 네 가지가 매도 신호를 나타낸다.

〈그림 3-23〉 그랜빌의 법칙

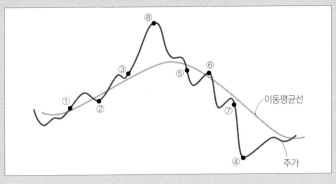

〈매수 신호〉

① 하락하던 이동평균선이 횡보~상향으로 전환되어 주가가 이동
평균선 위로 상승했을 때

→ 하락 추세에서 상승 추세로 전환된 직후 시점이다. 특히 하락
추세가 장기간 지속된 다음 이 신호가 나왔다면 저가권에서
매수할 수 있는 좋은 기회가 된다.

② 상승하던 주가가 조정을 받고 이동평균선을 하향 돌파하지만,
이동평균선이 상승 중일 때

→ 상승 추세가 지속된다고 한다면 주가가 이동평균선을 하향 돌
파한 것도 일시적인 현상이며, 저렴한 가격에 매수할 기회다.

③ 상승 중 주가가 조정을 받지만 상승 중인 이동평균선을 하향
돌파하지 않고 다시 상승할 때

→ 상승 추세가 지속된다고 판단할 수 있기 때문에 저렴한 가격
에 매수할 기회다.

④ 이동평균선이 하락하고 있지만 주가가 급속도로 하락하여 이
동평균선과의 이격이 커질 때

→ 말하자면 '반등 노리기'의 매수다. 주가가 많이 떨어진 상태에
서의 반등을 노리는 것이다.

〈매도 신호〉

⑤ 상승을 지속하던 이동평균선이 횡보~하락으로 전환되어 주가
가 이동평균선 아래로 하락했을 때

→ 상승 추세에서 하락 추세로 바로 전환된 시점이다. 보유 주식

이 있다면 중요한 매도 포인트다.

⑥ 하락하던 주가가 상승하여 이동평균선을 상향 돌파하지만, 이동평균선이 하락 중일 때

→ 하락 추세가 지속된다고 한다면 주가가 이동평균선을 상향 돌파한 것도 일시적인 현상이며, 일시 반등 구간이 매도 포인트다.

⑦ 하락 중 주가가 상승하지만 이동평균선을 상향 돌파하지 않고 다시 하락했을 때

→ 하락 추세가 지속된다고 판단할 수 있기 때문에 잠깐의 반등 구간이 매도 포인트다. 공매도하기에 좋은 시점 중 하나다.

⑧ 이동평균선이 상승하고 있지만 주가가 급속도로 상승하여 이동평균선과의 이격이 커질 때

→ 시세가 급등해서 매도를 해야 할 때다. 상승 추세라 하더라도 주가가 급상승한 경우는 이후 주가가 조정받을 가능성이 크기 때문에 매도해야 한다.

매수 신호 ①~③은 앞서 매수 시기 부분에서 설명한 것과 같다. 다만, 나는 ①과 ③은 매수 시기로 유효하다고 보지만 ②는 매수 시기로 추천하지 않는다. 확실히 이동평균선 자체가 상승한다면 상승 추세의 가능성이 크지만 주가가 이동평균선보다 아래에 있다는 사실을 더욱 중시해야 하기 때문이다. 주가가 이동평균선을 하향 돌파하는 추이가 지속되면 머지않아 이동평균선 자체도 아래쪽으로 방향을 바꾸고 하락 추세가 될 수도 있다. 하락 추세로 전환될지도 모르는 시점에 매수하는 것보다는 주가가 이동평균

선을 넘어 명확하게 상승 추세가 되었음을 확인한 다음에 매수하는 것이 안전하다.

그리고 매수 신호 중 ④는 2장 '하락 추세에서의 매수 시기 2: 급락 후 반등 지점'에서 설명한 것과 같다. 주가가 급락할 때는 반등할 가능성이 커도 실제로 반등을 노려 매수를 제대로 실행하기는 몹시 어렵다. 하락 추세 중의 매수라는 점은 분명하기 때문에 무리하지 않는 범위 내에서 실행하도록 하자.

매도 신호 ⑤는 '〈그림 3-1〉 보유 주식의 매도 시기'에서 설명한 대로 절호의 매수 시기다. 또한 공매도 시기로도 사용할 수 있다.

그리고 ⑥~⑦은 '〈그림 3-19〉 공매도 시기'에서 설명한 것과 같다. 다만, ⑦은 공매도 시기로 적합하지만 ⑥은 추천하지 않는다. 이동평균선 자체가 하락하고 있긴 하지만, 주가가 이동평균선을 넘는다는 것은 이후의 주가 추이에 따라 이동평균선도 위쪽으로 방향을 바꿔 상승 추세로 전환될 가능성이 작지 않음을 나타내기 때문이다. 공매도는 명확한 하락 추세일 때만 실행하는 것이 철칙이다. ⑥과 같은 시점에 리스크를 감수하며 공매도를 실행할 필요는 없다. 만약 한다면 주가가 이동평균선보다 아래로 떨어져 명확한 하락 추세가 된 다음부터다.

⑧은 '급등락 이후 매도'에서 설명했다. 매도는 주가가 확실하게 급등할 때 실행할 가치가 있지만, 주가와 이동평균선 간 이격이 어느 정도일 때 실행해야 할지 고민이 되기 마련이다. 주가와 이동평균선 간 이격이 최대 어느 정도까지 생길 것인지는 종목에 따라 다르고, 주식시장 전체의 상황에 따라서도 다르기 때문이다.

이에 대해서는 개개인이 결정할 수밖에 없지만 나는 이격률 50%를 넘었을 때라면 종목과 주식시장 전체 상황에 따라 일부 매도를 검토하며, 100%를 넘으면 보유주 일부는 매도하는 것을 기준으로 한다.

4
장

추세 분석, 이것만 알면 된다

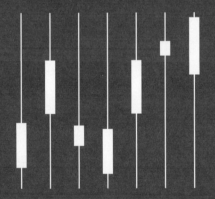

추세 전환을 판별하는 방법

지금까지 사례를 들어 주가 추세 분석을 활용하는 방법에 대해 살펴봤다. 이 장에서는 추세 전환을 판별하는 방법과 추세 분석의 응용에 대해 설명한다.

주가 추세 분석에서 가장 중요한 것은 추세 전환 시점을 판별하는 것이다. 추세 전환은 투자 행동을 확 바꿀 필요가 있는 시점이기 때문에 가벼이 여기거나 늦게 알아채선 안 된다.

기본적으로 주가가 이동평균선 위로 올라가거나 아래로 내려간 시점이 추세 전환의 신호다. 그렇다면 단순하게 주가가 이동평균선을 1엔이라도 넘으면(또는 1엔이라도 내려가면) 전환 신호일까? 꼭 그렇진 않다. 가격 자체보다는 어떤 봉의 형태로 어떻게 올라가거나 내려가느냐가 중요하다.

원칙은 다음과 같다.

> **상승 추세로의 전환**
> 봉이 양봉이고 그 전체 또는 대부분이 이동평균선을 웃도는 시

점에서 상승 추세로 전환된다.

> 하락 추세로의 전환

봉이 음봉이고 그 전체 또는 대부분이 이동평균선을 밑도는 시
점에서 하락 추세로 전환된다.

〈그림 4-1〉을 보자. 봉 일부가 이동평균선 위로 조금 튀어나와 있
거나 반 정도 올라서 있는 경우에는 상승 추세로 전환됐다고 판단하
지 않는다. 마찬가지로, 봉이 이동평균선 아래로 조금 내려가거나 반
정도 내려간 경우도 하락 추세로 전환됐다고 판단하지 않는다.

〈그림 4-1〉 봉의 형태에 따른 추세 전환 판단

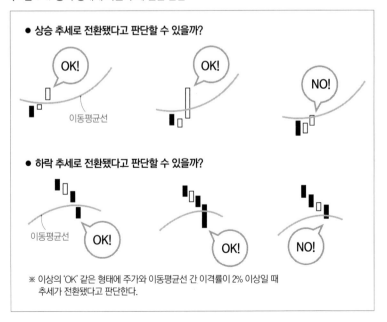

그리고 봉 전체 또는 대부분이 이동평균선을 돌파했다 해도 주가와 이동평균선 간 이격이 작다면 추세 전환이라고 보기에는 부족하다. 최저 1% 정도의 이격은 나타나야 하며, 가능하면 2~3% 정도의 이격이 필요하다.

예를 들어 몸통이 긴 양봉(장대양봉)과 몸통이 긴 음봉(장대음봉)으로 이동평균선을 돌파하긴 했지만, 주가와 이동평균선 간 이격률이 3%를 넘고 봉의 반 정도밖에 튀어나오지 않았다고 해보자. 이때는 3% 초반의 이격이 실현된 것을 중요하게 보아 추세 전환으로 인정해도 좋다.

그럼 실제 차트를 보자. 〈그림 4-2〉를 보면 Ⓐ에서 양봉의 머리 부

〈그림 4-2〉 상승 추세 전환의 판단 사례

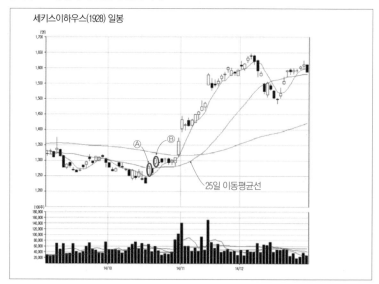

분이 25일 이동평균선 위로 약간 나와 있다. 종가는 25일 이동평균선을 넘었지만 이것만으로는 상승 추세로 전환됐다고 판단하기에는 부족하다. 그러므로 이 시점에서 신규 매수는 하지 않는다.

그로부터 2영업일 이후 ⑧에서 양봉 전부가 25일 이동평균선을 웃돌고 있다. 이에 따라 이 시점에서 상승 추세 전환이라고 판단하고 신규 매수를 실행한다.

다음에는 〈그림 4-3〉을 보자. ⓐ와 ⓑ에서 신규 매수를 했다고 가정해보자.

우선 ⓐ에서 신규 매수를 했다면 손절매가 필요하다. 이 사례에서는 손절매지만, 손절매가 아니더라도 재매수를 염두에 두고 일단 매

〈그림 4-3〉 하락 추세 전환의 판단 사례

도해야 한다.

손절매나 재매수를 염두에 둔 매도는 하락 추세로 전환됐음을 확인한 시점에 한다.

그렇다면 Ⓐ에서는 어떻게 할까? 아슬아슬하지만 아직 종가가 25일 이동평균선 위에 있으므로 하락 추세는 아니다.

다음은 Ⓑ. 종가상으로는 25일 이동평균선 아래이지만 조금만 내려갔다. 아직 하락 추세로 전환됐다고 말할 수 없다.

그리고 Ⓒ. 명확하게 25일 이동평균선 아래에 있음을 확인할 수 있으므로 여기에서 하락 추세로 전환됐다고 판단한다.

또 ⓑ에서 신규 매수한 경우를 보자.

Ⓓ는 종가가 25일 이동평균선 아래에 있지만 봉 대부분은 이동평균선 위쪽에 있다. 그러므로 아직 하락 추세로 전환되지 않았다.

Ⓔ는 봉 전부가 25일 이동평균선 아래에 있으며 주가와 이동평균선 간 이격이 아직 작다. 아주 미묘하기 때문에 무리해서 하락 추세 전환이라고 판단할 필요는 없지만, 주식시장 전체가 강하게 조정을 받고 있다거나 주식시장의 환경이 좋지 않은 상황이라면 하락 추세로 전환됐다고 보고 매도를 해도 괜찮다.

그리고 Ⓕ는 명확하게 음봉이 25일 이동평균선 아래에 있기 때문에 하락 추세로 전환됐다고 판단하고 보유주를 매도한다.

양봉·음봉에 따른 판단

원칙적으로는 상승 추세로 전환되려면 양봉 전부 또는 대부분이 이동평균선 위에 있어야 한다. 하지만 가끔은 〈그림 4-4〉의 A처럼 봉 전부가 이동평균선 위에 있더라도 음봉일 때가 있다. 이동평균선 위에 음봉이 있다는 것은 이동평균선이 상향하는 데 매도 압력이 강하다는 것을 나타낸다. 즉 주가가 다시 이동평균선 아래로 내려갈 가능성이 작지 않다고 할 수 있다.

그럼에도 상승 추세 전환 요건의 하나를 만족하고 있으므로 신규 매수를 하지 못하는 것은 아니다. 이 지점에서는 투자자 자신이 판단할 필요가 있다.

이럴 때 내가 사용하는 방법은 이 단계에서는 신규 매수를 하지 않고, 주가가 이 음봉을 넘어서고 주가와 이동평균선 간 이격률이 2% 이상이 되는 시점까지 기다렸다가 매수하는 것이다. 주가가 이 음봉을 넘어서 상승하면 상승 추세로 전환될 가능성이 커지므로 이 상태가 될 때까지 기다려 매수한다.

그리고 봉 대부분이 이동평균선을 웃돈다고 해도 음봉의 경우에는 종가가 이동평균선보다 낮으므로 상승 추세로 전환되지 않는다. 단, 이 경우에도 그 뒤 주가가 음봉을 웃돌고 이동평균선에서의 이격률이 2% 이상이 되면 그 시점에서 신규 매수를 해도 좋다.

또한 하락 추세에서의 전환에는 음봉 전부 또는 대부분이 이동평

〈그림 4-4〉 판단을 망설이게 되는 경우

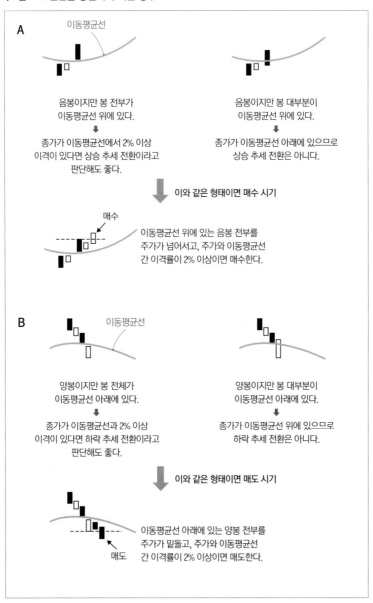

A

이동평균선

음봉이지만 봉 전부가
이동평균선 위에 있다.

↓

종가가 이동평균선에서 2% 이상
이격이 있다면 상승 추세 전환이라고
판단해도 좋다.

음봉이지만 봉 대부분이
이동평균선 위에 있다.

↓

종가가 이동평균선 아래에 있으므로
상승 추세 전환은 아니다.

이와 같은 형태이면 매수 시기

매수

이동평균선 위에 있는 음봉 전부를
주가가 넘어서고, 주가와 이동평균선
간 이격률이 2% 이상이면 매수한다.

B

이동평균선

양봉이지만 봉 전체가
이동평균선 아래에 있다.

↓

종가가 이동평균선과 2% 이상
이격이 있다면 하락 추세 전환이라고
판단해도 좋다.

양봉이지만 봉 대부분이
이동평균선 아래에 있다.

↓

종가가 이동평균선 위에 있으므로
하락 추세 전환은 아니다.

이와 같은 형태이면 매도 시기

매도

이동평균선 아래에 있는 양봉 전부를
주가가 밑돌고, 주가와 이동평균선
간 이격률이 2% 이상이면 매도한다.

균선을 밑도는 것이 원칙이다. 하지만 〈그림 4-4〉의 B처럼 음봉이 아니라 양봉인 경우도 있다. 주가가 이동평균선을 확실하게 밑돌고, 저가에서의 매수 수요가 높으며, 주가가 이동평균선을 다시 넘을 가능성이 작지 않음을 나타낸다. 매도를 할지 말지, 판단을 망설이게 되는 국면이다.

종가와 이동평균선이 어느 정도 떨어져 있는지로 판단할 수도 있다. 나는 보유주가 이와 같은 상태이고 종가와 이동평균선 간의 이격이 작다면, 조금 더 상황을 살피면서 주가가 양봉 아래로 내려가고 이동평균선과의 이격률이 2% 이상이 될 때 매도한다. 종가와 이동평균선 간의 이격이 크다면 봉이 이동평균선 아래로 내려간 시점에는 양봉일지라도 빠르게 팔기도 한다.

그리고 봉 대부분이 이동평균선을 밑돌아도 양봉인 경우에는 종가가 이동평균선보다 높으므로 애초에 하락 추세는 될 수 없다. 단 이 경우에도 주가가 양봉을 밑들고 이동평균선에서의 이격률이 2% 이상이 되는 시점에서 매도하면 된다.

그렇다면 실제 주가 차트 〈그림 4-5〉를 보자. Ⓐ에서 봉이 25일 이동평균선을 완전하게 넘어섰지만 음봉이다. 상승 추세 전환이지만 주가 하락의 가능성도 여전히 있다고 볼 수 있으므로 신규 매수를 망설이게 된다.

결론적으로 Ⓐ에서 종가가 이동평균선과 2% 이상의 이격률이므로 이 시점에서 신규 매수해도 좋고 Ⓐ의 고가(2,535엔)를 넘으면 신규 매

수를 해도 괜찮다. 전자라고 판단했다면 다음 날 장 시작과 함께 매수, 후자라고 판단했다면 다음 날 이후 2,535엔을 넘어선 것을 확인하고 매수한다.

또 한 가지, 〈그림 4-6〉을 보자. ⑧에서는 봉 대부분이 25일 이동평균선 아래에 있고 양봉이며 종가는 이동평균선보다 위에 있다. 이 시점에서는 하락 추세 전환은 아니다. 그다음 날 ⑧의 저가(96엔)를 밑돌고 주가와 이동평균선 간 이격률이 2% 이상이 되면, 이때 하락 추세로 전환됐다고 판단하고 보유주를 매도한다.

〈그림 4-6〉 양봉 대부분이 이동평균선 아래에 있을 경우

이동평균선의 방향에 따른 판단

봉 전부 또는 대부분이 이동평균선을 넘어섰을 때 이동평균선의 방향은 '횡보 또는 상향'인 경우와 '아직 하향 그대로'인 경우가 있다.

이 중 이동평균선이 횡보이거나 상향인 경우에는 상승 추세의 두가지 요건, 즉 '주가가 이동평균선 위에 있다 + 이동평균선이 상향'을 만족했다고 보고 신규 매수 시기로 판단한다.

한편, 이동평균선의 방향이 하향 그대로인 경우에는 상승 추세 요건중 하나밖에 만족시키지 못했다. 주가의 움직임이 약하다면 다시 이동평균선 아래로 내려가 하락 추세로 돌아가는 경우도 드물지 않다.

이 경우에는 〈그림 4-7〉의 A와 같은 상황에서 ⓐ 시점에 상승 추세로 전환됐다고 생각하고 신규 매수를 하든지, 상승 추세의 두 가지 요건을 만족한 ⓑ 시점까지 기다려서 신규 매수를 할 것인지를 정해야 한다. 환경에 따라 다르겠지만 나는 이동평균선의 방향이 다소 하향일지라도 ⓐ 시점을 상승 추세 전환으로 봐서 신규 매수하는 일이 많다.

또한 봉 전부 또는 대부분이 이동평균선 아래에 있을 때 이동평균선의 방향이 '횡보 또는 하향'과 '아직 상향 그대로'인 경우가 있다.

〈그림 4-7〉 이동평균선의 방향에 따른 판단

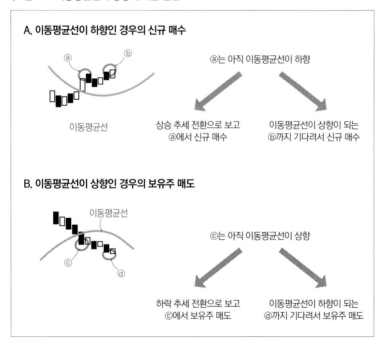

이동평균선의 방향이 횡보 또는 하향일 때는 하락 추세의 두 가지 요건, 즉 '주가가 이동평균선 아래에 있다 + 이동평균선이 하향'을 만족하고 있다고 판단하여 보유주를 매도할 시점이다.

하지만 이동평균선의 방향이 상향 그대로인 경우에는 하락 추세 요소 중 하나밖에 만족시키지 못했다. 주가의 움직임이 강하다면 다시 이동평균선을 넘어서 상승 추세로 회복되는 일도 적지 않다.

〈그림 4-7〉의 B 중 ⓒ 시점에서 하락 추세로 전환됐다고 판단하고 보유주를 매도하거나 하락 추세의 두 가지의 요건을 만족시킨 ⓓ까지 기다려서 매도하는 것 중 어느 것을 택할지 판단할 필요가 있다. 나는 이동평균선의 방향이 다소 상향일지라도 주가가 이동평균선 아래에 있다는 사실을 중시하여 ⓒ에서 보유주를 매도하는 일이 많다.

그러면 실제 차트를 보자. 〈그림 4-8〉에서는 Ⓐ에서 봉이 25일 이동평균선을 명확하게 넘어섰다. 여기에 이동평균선도 횡보 또는 상향이라면 두말할 필요도 없이 상승 추세로 전환됐다고 말할 수 있지만 이동평균선을 보면 아직 약간 하향이다.

이 경우 상승 추세 전환으로 간주하여 ⓐ에서 신규 매수를 할지, 또는 이동평균선이 상향이 되는 것을 기다려 ⓑ에서 신규 매수를 할지 정해야 한다. 두 가지를 종합하여 보는 것도 좋은 방법이다.

이동평균선을 명확하게 넘은 시점에서 이동평균선이 아직 하향인 경우 이후 상황은 다음과 같이 전개될 수 있다.

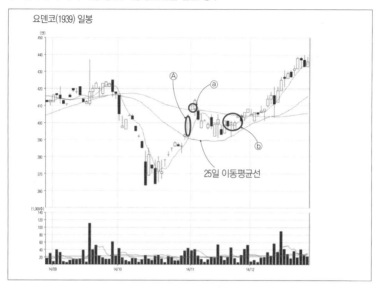

〈그림 4-8〉 주가가 하향 중인 이동평균선을 넘은 경우

요덴코(1939) 일봉

25일 이동평균선

① 조정 없이 그곳에서부터 주가가 상승한다.

② 이동평균선이 하향인 채로 주가가 상승 동력을 잃고 다시 이동
평균선 아래를 맴돈다.

③ 〈그림 4-8〉처럼 조금 밀고 당기며 조정하는 중에 이동평균선이
횡보에서 상향으로 변화하여 본격적인 상승이 시작된다.

상승 추세 전환으로 보고 매수하는 경우, ①이라면 성공이지만 ②
의 경우엔 실패가 된다. 그런데 두 가지 요소를 만족시킬 때까지 기다
려서 매수하겠다고 판단했는데 상황이 ①처럼 전개되면 꽤 높은 가
격에 사는 함정에 빠지게 된다. ②의 경우에는 불필요한 매수를 하지

않은 것으로 끝난다. 이처럼 난감한 상황에서는 자신만의 매매 규칙을 정해 실행하는 수밖에 없다.

〈그림 4-9〉를 보자. ⓐ에서 음봉이 명확하게 이동평균선 아래에 있지만 이동평균선은 아직 상향이다. 여기에서 하락 추세 전환의 두 가지 요소를 만족하지 않지만 둘 중 하나인 '주가가 이동평균선 아래'라는 사실을 중요하게 보아 보유주를 매도한다. 한편 하락 추세 전환의 두 가지 요소를 만족할 때까지 기다려서 매도한다면 ⓑ 근처에서 매도하게 된다. 하지만 ⓐ와 ⓑ의 주가를 비교해보면 ⓐ에 비해 ⓑ가 꽤 낮다는 것을 알 수 있다. 이처럼 하락 추세 전환의 두 가지 요소를 기다려 매도할 때, 꽤 낮은 주가에서 팔 수밖에 없는 상황이 되는 일은 흔하다.

〈그림 4-9〉 주가가 상향 중인 이동평균선 아래에 있는 경우

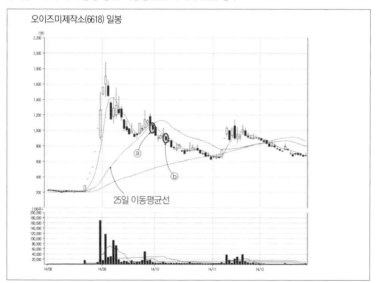

사실 주가라는 것은 상승하는 속도보다 하락하는 속도가 더 빠르다는 특징이 있다. 그러므로 나는 ⓑ를 기다리기보다는 ⓐ 국면에서 매도하고 다시 주가가 이동평균선을 넘었을 때 재매수하는 방법을 취하는 것이 안전하다고 생각한다. 특히 손절매의 경우에는 손실을 최소한으로 억제하기 위해 ⓐ 국면에서 매도하는 방법을 추천한다.

추세 전환 직후의 급등·급락에 어떻게 대처해야 할까

저가권에서 신규 매수를 노리는 경우에는 상승 추세로 전환될 가능성이 커진 시점에서 가능한 한 빨리 매수를 실행한다. 또 보유주가 있는 경우에는 하락 추세로 전환될 가능성이 커진 단계에서 빠르게 매도를 실행할 필요가 있다. 기본적으로 장이 마감된 후의 종가를 이용하여 그다음 날에 매매를 실행하는 것이 원칙이다.

하지만 추세 전환 당일이나 그다음 날 장 시작과 함께 주가가 크게 움직이는 일이 자주 있다. 그러면 상승 추세 전환이라고 판단한 다음 날 신규 매수를 하고자 할 경우 꽤 높은 주가에서 살 수밖에 없다. 마찬가지로 하락 추세 전환이라고 판단한 다음 날 보유주를 매도하고자 할 경우 몹시 낮은 가격에 팔게 되는 함정에 빠지게 된다.

그러므로 이런 사태에 대비할 수 있는 방법을 생각해야 한다.

1. 상승 추세 전환 직후 주가가 급등할 경우 대처법

① 장이 열려 있을 때 주가를 확인하고 상승 추세 전환으로 판단되면 즉시 매수한다.

② 미리 역지정가 매수 주문을 설정해둔다.

③ 상승 추세 전환을 확인한 다음 날 바로 매수한다.

④ 매수를 포기한다.

2. 하락 추세 전환 직후 주가가 급락할 경우 대처법

① 장이 열려 있을 때 주가를 확인하고 하락 추세 전환이라고 판단되면 즉시 매도한다.

② 매수 직후부터 역지정가 매도 주문을 설정해둔다.

③ 하락 추세 전환을 확인한 다음 날 바로 매도한다.

④ 매도하지 않고 보유를 지속한다.

이 중 '1의 ①'과 '2의 ①'에 대해 약간의 설명을 하겠다.

기본적으로 추세 전환에 대해서는 종가로 판단하고 실제 매매는 익일 이후에 한다고 앞서 이야기했다. 하지만 1의 ①과 2의 ①은 그것을 종가가 아니라 장이 열린 상태(거래시간 중)에서 판단하는 방법이다. 예를 들어 점심시간에 투자 후보인 종목의 주가 차트를 보고 그 시점에서 상승 추세 전환이라고 판단할 수 있다면 오후장 시작과 함께 신규 매수를 하는 것이다.

〈그림 4-10〉의 A 같은 상황에서 오전장 마감 시점에 상승 추세로 전환될 가능성이 농후하다고 하자. 그래서 오후장 시작과 함께 신규 매수를 했다. 그 결과, ⓐ처럼 오후장에 주가가 급등한 경우 꽤 저렴한 가격에 샀으므로 좋은 거래를 한 셈이다. 하지만 반대로 ⓑ처럼 오후장에 주가가 급락하여 이동평균선 아래로 내려가 종가를 기준으로 상승 추세가 되지 않는 경우도 있다. 이런 경우 오후장 첫 거래 매수는 틀린 것이 된다.

또 〈그림 4-10〉의 B처럼 오전장을 마감한 시점에 하락 추세로 전환될 가능성이 농후한 상황에서 오후장 시작과 함께 보유주를 매도했다. 그 결과, ⓒ처럼 오후장에서 가격이 크게 하락한 경우에는 그 판단이 옳았다고 할 수 있다. 하지만 ⓓ처럼 오후장에서 크게 오른 경우에는 매도 판단이 틀린 것이 된다.

원칙적으로 추세 전환 판단은 종가를 바탕으로 하므로, 장이 열려 있을 때 판단하는 것은 말하자면 '갑작스러운 매매 판단'이다. 이 '갑작스러운 매매'가 공을 세울 수도 있고 예상을 벗어날 수도 있다.

시장 전체, 즉 닛케이평균주가지수와 TOPIX(도쿄증권거래소 주가지수)가 확실하게 상승 추세일 때 개별 종목에서도 상승 추세로 전환되기 쉽고, 시장 전체가 확실하게 하락 추세일 때 개별 종목에서도 하락 추세로 전환되기 쉽다. 장이 열린 상태에서 나는 이런 정보를 참고하여 판단할 때 좋은 결과가 나오는 경우가 많았다. 나는 어떻게 해서라도 갖고 싶은 종목이 있는데, 그 종목이 오전장 마감 시점에 상승 추세로

〈그림 4-10〉 장이 열린 상태에서 갑작스러운 매매를 하는 경우

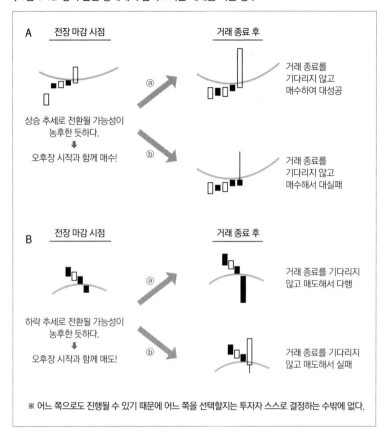

전환될 가능성이 농후하다면 오후장 시작과 함께 매수하는 경우가 종종 있다. 또 보유 중인 종목이 오전장 마감 시점에 확실하게 25일 이동평균선 아래에 있을 때는 오후장 시작과 함께 손절매를 하는 일이 많다.

그러면 상기의 각 사례에 대해 실제 주가 차트를 보면서 확인해보자.

우선 '1. 상승 추세 전환 직후 주가가 급등할 경우 대처법'이다. 〈그림 4-11〉을 보자.

주가가 조금씩 움직이다가 갑자기 급등하여 상한가로 마감했다. 원칙은 상한가인 그날의 주가 차트에서 상승 추세 전환이라고 판단하여 다음 날 신규 매수를 하는 것이다. 그런데 다음 날, 주가는 꽤 높은 데서 시작하여 이동평균선과의 이격률이 50%까지 달한다. 이런 상황에서 갑작스럽게 매수할지, 포기할지는 스스로 판단할 수밖에 없다. 이 사례에서 이후에도 주가가 계속 상승한다면 매수라는 선택지는 틀린 것이 아니다. 하지만 이것은 결과론이며, 매수한 다음 주가가 급락하는 일도 드물지 않다.

〈그림 4-11〉 상승 추세 전환 직후 주가가 급등할 경우 대처법 1

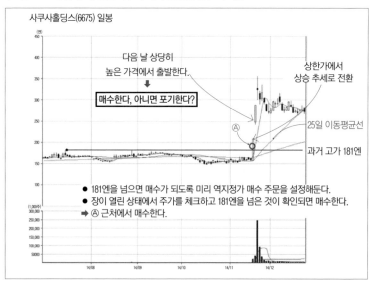

실패했을 때의 손실을 각오하고 어떻게 해서든 이 종목을 사고 싶다면 사면 된다. 그렇지 않다면 고가가 된 시세가 언젠가는 내려갈 것으로 예상하고 위험성이 있는 이 국면에서의 매수는 포기하는 것도 현명한 판단이다.

그런데 이렇게 주가가 상승하기 전에 조금 더 저렴하게 살 순 없었을까? 그러기 위해 활용할 수 있는 것이 '장이 열렸을 때의 판단'과 '역지정가 주문의 활용'이다.

이 종목은 과거의 주가를 보면 2015년 7월 15일에 181엔의 고가를 찍었으며 그 가격이 이후 계속해서 저항대로 작용해왔다. 장이 열렸을 때 주가를 확인하여 181엔을 넘었다면 상승 추세로 전환됐다고 판단하고 신규 매수를 하는 것이 하나의 방법이다.

다른 하나는 181엔을 넘은 가격인 182엔에 역지정가 매수 주문을 미리 설정해두는 것이다. 그렇게 해두면 주가가 급등해도 182엔에 도달하면 자동으로 매수 주문이 발주된다. 이런 방법을 사용하면 〈그림 4-11〉의 Ⓐ에서 매수할 수 있다.

하지만 '장이 열려 있을 때의 판단'과 '역지정가 주문의 활용'이 반대로 화가 되는 경우도 있다. 〈그림 4-12〉를 보자. 이 종목은 2014년 12월 4일 주가가 급등하여 일시적으로 1,410엔까지 상승함으로써 명확하게 25일 이동평균선을 넘었다. 하지만 즉시 상승 동력이 소진됐고, 결국 주가는 이동평균선 아래로 떨어져서 장이 마감됐다.

이 경우 장이 열렸을 때 주가를 체크하여 이동평균선을 크게 넘어

〈그림 4-12〉 상승 추세 전환 직후 주가가 급등할 경우 대처법 2

아에리아(3758) 일봉

● 1,350엔을 초과하는 시점에 역지정가 매수 주문을 설정해둔다.
● 장이 열렸을 때 주가를 체크하여 주가가 명확하게 이동평균선을 넘으면 매수한다.
➡ 일시적으로 주가가 상승했을 뿐인 Ⓐ 시점에서 매수하게 된다.

고가 1,410엔

25일 이동평균선

장 마감까지 아무것도 하지 않았다면
일시적인 고가에 매수하는 일은 없었을 것이다.

선 시점에서 상승 추세 전환이 농후하다고 판단하여 Ⓐ에서 매수하거나 미리 1,350엔을 초과하는 역지정가 매수 주문을 설정해 Ⓐ에서 매수했다면 그것은 실패한 것이 된다.

이 경우 종가에서 추세 전환이 어떤지 판단했다면, 이날은 종가가 이동평균선을 넘지 않았으므로 상승 추세 전환이라고 말할 수 없기에 Ⓐ와 같은 시점에 매수하는 것을 방지할 수 있었을 것이다. 이처럼 '장이 열렸을 때의 판단'과 '역지정가 주문의 활용'의 성공 여부는 신만이 알 수 있다. 어떻게 해서든 사고 싶은 종목에 한해서만 이런 방법을 사용하는 것이 적당할지도 모르겠다.

다음은 '2. 하락 추세 전환 직후 주가가 급락할 경우 대처법'이다. '1'

의 사례와 대체로 비슷하지만 약간 다른 점이 있다. 어떤 부분이 다를지 상상하면서 이후 설명을 보길 바란다.

우선 〈그림 4-13〉부터 보자. 2014년 8월 4일에 고가를 찍고 주가가 급속도로 하락하여 8월 8일에는 일시적으로 25일 이동평균선 아래로 확실하게 떨어졌다(ⓑ). 이때 예를 들어 25일 이동평균선보다 5% 아래 가격에 역지정가 매도 주문을 설정해두면 ⓑ 근처에서 매도할 수 있었을 것이다. 장이 열려 있는 상태에서 주가를 체크하고 여기까지 주가가 하락한 경우에도 ⓑ에서 매도하고 싶어질 정도의 가격 변동이다. 주가가 드디어 천장을 찍고 큰 폭으로 하락할 것 같은 느낌을 받기 때문이다.

〈그림 4-13〉 하락 추세 전환 직후 주가가 급락할 경우 대처법 1

그런데 일시적으로 이동평균선 아래로 떨어졌던 주가는 장 마감 시점에 이동평균선에 가깝게 회복됐다. 만약 미리 역지정가 주문을 해두지 않았거나 장이 열린 상태에서 매도를 하지 않았다면 아직 하락 추세 전환이라고 말할 수 없기 때문에 조금 더 상황을 보고 판단했을 것이다.

그다음 날 주가는 상한가까지 상승한다. 더군다나 그다음 날도 상한가가 되어 3일 동안 주가는 50%나 상승했다. 만약 ⑧에서 매도했다면 재매수가 어려운 상황이 되어 몹시 약이 오를 것이다.

그러면 장이 열렸을 때의 판단과 사전 역지정가 주문이 실패였다고 말할 수 있을까? 사실 그렇게 단정 지을 수도 없다.

또 다른 차트 〈그림 4-14〉를 보자.

2014년 9월 중순 2,550엔 전후에서 신규 매수를 했다고 하자. 그 뒤 10월 3일에는 25일 이동평균선 아래로 떨어졌지만 거기서부터 조금 반등하다가 다시 반락했다. 하락 추세로 전환된 것 같지만 아직 조금 미묘한 상황이다.

이럴 때, 10월 3일 저가 2,454엔을 직전 저가로 보고 이 시점 아래로 내려가면 주가 하락의 가능성이 커진다고 생각해서 2,454엔이 붕괴되면 손절매하는 역지정가 매도 주문을 설정해두는 전략도 생각할 수 있다. 그리고 장이 열린 상태에서 주가를 체크하여 2,454엔이 무너져 주가가 하락한 것을 보고 여기서부터 주가 하락 가능성이 크다고 판단하여 보유주를 손절매하는 방법도 있다. 이런 방법을 사용하면

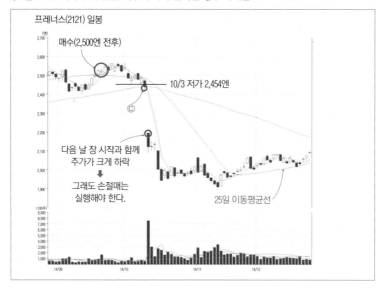

〈그림 4-14〉 하락 추세 전환 직후 주가가 급락할 경우 대처법 2

프레너스(2121) 일봉

매수(2,500엔 전후)

10/3 저가 2,454엔

ⓒ

다음 날 장 시작과 함께
주가가 크게 하락
▼
그래도 손절매는
실행해야 한다.

25일 이동평균선

ⓒ의 위치에서 보유주를 매도할 수 있다.

그런데 역지정가 주문을 미리 설정해두거나 장이 열린 상태에서
매도를 하지 않았다면, 다음 날 주가 급락으로 가격이 크게 내려간 상
황에서 손절매를 할 수밖에 없다.

주가가 예상을 뛰어넘어 크게 하락했을 경우에도 손절매를 포기하
는 선택을 해서는 안 된다. 손실률이 높긴 하지만 그래도 손절매를 실
행할 필요가 있다. 매수와 달리 매도, 특히 손절매의 경우에는 손실을
최소한으로 억제하기 위해 노력이 필요하다. 예컨대 〈그림 4-13〉 Ⓑ
의 사례에서는 이후 주가가 급등하여 재매수를 하기가 어려웠지만
손절매는 이와 다른 상황이다. 주가가 이동평균선 아래로 확실하게

내려간다면 우선 매도나 손절매를 실행하여 주가가 다시 이동평균선을 넘을 때 재매수하면 된다.

그러므로 '2. 하락 추세 전환 직후 주가가 급락할 경우 대처법' ①~④ 중, 기본은 ③이다. ④는 실행할 때가 아니지만 ①과 ②는 손절매할 때 손실을 최소화할 수 있다는 장점을 고려해 적극적으로 활용해도 좋다.

여기서 추세 전환 직후 주가 급등·급락에 대비하는 역지정가 주문 사용법을 소개하겠다.

› 매수의 경우

상승 추세 전환을 확인하고 다음 날 매수하는 것이 기본이다. 하지만 어떻게 해서든 꼭 사고 싶은 종목이 있다면 갑자기 주가가 급등하여 사지 못하게 될 리스크에 대비하여 직전 고가 돌파와 이동평균선에서 5~10% 이상 이격을 보이는 가격대에 역지정가 매수 주문을 설정해둔다. 5~10% 이상으로 하는 이유는 손절매를 할 때 손실률을 10% 정도로 한정하기 위해서다.

› 매도의 경우

하락 추세 전환을 확인하고 다음 날 매도하는 것이 기본이다. 하지만 주가 급락에 따른 손실이 커지는 리스크에 대비하여 직전 저가 붕괴와 이동평균선에서 5% 정도 아래 가격에 역지정가 매도 주문을 설정해둔다. 5% 정도로 하는 이유는 그 정도까지 주가가 하락하면 확실하게 이동평균선 아래가 된다고 판단할 수 있기 때문이다.

결론적으로 추세 전환이 확인된 다음 날 매수·매도를 실행하는 것이 원칙이지만, 불규칙한 주가 변동에 대비하여 미리 역지정가 주문을 설정해두거나 장이 열렸을 때 주가를 체크할 수 있다면 더 효과적이라고 할 수 있다.

일봉·주봉·월봉차트의 최적 활용법

주가 차트에는 하나의 봉이 나타내는 기간의 길이에 따라 일봉, 주봉, 월봉 등 주로 세 종류의 봉이 있다는 점은 1장에서 설명했다. 그렇다면 실제 주가 차트를 사용하여 매매 시점을 계획할 때 어떤 기간의 차트를 보는 것이 좋을까?

일반적으로 개인 투자자가 매매 시점을 계획하기 위해서는 일봉차트 또는 주봉차트를 보는 것이 좋다. 월봉차트는 봉 하나가 1개월분 주가의 시세 변동을 나타내므로 월봉차트에서 매매 시점을 계획할 수 있는 것은 매 월말의 1회뿐이다. 그런데 주가가 1개월 동안 수십

퍼센트를 오르락내리락하는 일은 드물지 않고 종목에 따라 몇 배가 되거나 몇 분의 1이 되는 일도 있다. 즉 월봉차트에서는 매매 시점을 정하기에는 빈도가 부족하여 적절한 시점에 매매가 이루어지지 않을 가능성이 크다. 그에 비해 일봉차트는 봉 하나가 표시하는 것이 하루의 가격 변동이므로 매매 시점을 정할 수 있다. 보다 미세하게 추세의 변화를 느낄 수 있으며 보다 저가권에서의 신규 매수와 보다 고가권에서의 매도도 가능하다.

반면 일봉차트에서는 '속임수'도 많이 나타난다. 속임수란 주가의 추세가 전환된 것처럼 보이지만 실제로는 그렇지 않은 것을 말한다. 예를 들어 주가가 이동평균선을 넘어 상승 추세로 전환됐다고 생각했는데, 바로 상승 동력을 잃고 주가가 이동평균선 아래로 다시 떨어지는 경우가 그렇다.

신규 매수를 한 다음에 속임수라는 것이 판명되면 빠르게 손절매를 하여 손실을 최소한으로 억제할 필요가 있다. 그러려면 주가 차트를 매일 체크해야 한다.

나는 가능하면 일봉차트를 사용하는 것을 추천하고 싶지만 매일 주가 차트를 체크하는 것이 힘들다면 주봉차트를 사용해도 괜찮다. 주봉차트는 봉 하나가 1주일 동안의 가격 변동을 나타낸다. 그러므로 주가 차트를 체크하는 것도 매 주말 1회다. 주봉차트는 일봉차트보다 속임수의 발생 빈도가 낮다. 그 대신 매매 시점을 정하는 것이 주 1회이기 때문에 일봉차트를 사용하는 경우와 비교하여 다소 높은 가격에 사거나 다소 낮은 가격에 팔게 된다는 단점이 있다.

일봉 또는 주봉차트를 사용하여 매매 판단을 할 때 월봉차트가 무용지물이냐 하면 그렇지도 않다. 월봉차트는 각 종목의 대국적인 추세를 보는 데 유용하다. 주가가 장기적으로 상승하기 쉬운지에 대한 판단은 일봉차트와 주봉차트는 물론이고, 월봉차트도 상승 추세가 됐을 때 확신할 수 있다. 반대로 월봉차트의 추세가 상승에서 하락으로 전환된 경우, 단기간에는 주가가 나름대로 상승해도 장기적으로 계속되는 큰 상승은 기대할 수 없다. 그러므로 장기간의 주가 하락 후 저가권에서 일봉차트 등을 이용하여 신규 매수를 하는 경우를 빼고는, 월봉차트로 상승 추세 종목을 골랐을 때 주가 상승이 더 기대된다고 할 수 있다. 그리고 월봉차트를 활용하면 과거의 중요한 고가를 확인하고 앞으로의 주가 상승 전망을 내다보는 데에도 유리하다.

그리고 이동평균선도 각각의 주가 차트에 적합한 길이가 있다. 이들의 적절한 조합이 아니면 주가 추세를 정확하게 판단하기가 어렵기 때문에 주의해야 한다.

주가 추세를 파악할 때 주가 차트와 이동평균선의 조합에는 여러 가지가 있지만 이 책에서는 원칙적으로 〈그림 4-15〉의 조합을 사용한다. 이것은 내가 실전에서 실제로 사용하는 조합이다.

조합	장점	단점
일봉차트 + 25일 이동평균선	● 추세 전환의 가능성을 가장 빠르게 알 수 있기 때문에 상승 추세 초기에 저렴하게 매수하거나 하락 추세 초기에 비싸게 팔 수 있다.	● 속임수(추세 전환의 신호인 것 같지만 실제로는 추세가 전환되지 않음)의 발생 빈도가 높다. ● 주가 차트를 매일 봐야 한다.
주봉차트 + 13주 이동평균선	● 주가 차트를 주 1회 확인해도 충분하다. ● 일봉차트에 비해 속임수가 적게 발생한다.	● 일봉차트와 비교하여 추세 전환의 신호가 늦게 나타나기 때문에 그사이 주가가 변동하는 경우가 있다.
월봉차트 + 12개월 이동평균선	● 주가 차트를 월 1회 확인해도 충분하다. ● 속임수 발생이 몹시 적다.	● 추세 전환의 신호가 몹시 늦게 나타나기 때문에 그사이 주가가 크게 변동하는 경우가 있다.

명확한 추세가 없을 때 대처법

주가 추세 분석의 약점은 명확한 추세가 발생하지 않으면 '매수 → 손절매'가 반복되기 때문에 손실이 계속 쌓인다는 점이다.

명확하지 않은 추세의 예로 대표적인 것이 〈그림 4-16〉의 '박스 추세'와 '삼각형 추세' 두 가지다. 이처럼 상승 또는 하락 추세가 확실하게 나타나지 않는 주가 움직임을 '보합 추세'라고 한다.

보합 추세를 깨면 그것을 깬 방향에 새로운 추세가 생기는 경향이 있다. 그래서 확실하게 추세가 생겨나지 않을 때 손실 발생을 억제하는 방법의 하나로 주가 추세 분석에 '고가 돌파'를 조합하는 방법을

〈그림 4-16〉 보합 추세

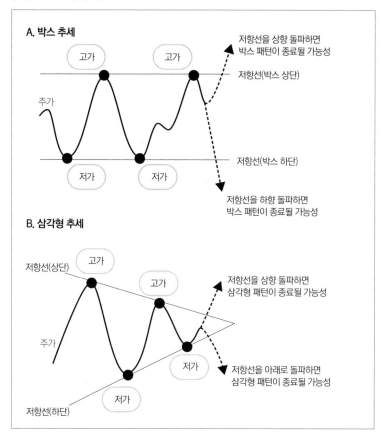

생각해볼 수 있다.

〈그림 4-17〉을 보자. 주가가 확실하게 추세를 보이지 않고 좁은 범위 내에서 오락가락할 때는 이동평균선을 빈번하게 위로 또는 아래로 돌파한다. 이때 '이동평균선을 상향 돌파하면 매수, 하향 돌파하면 손절매'라고 원칙을 정하면, 여러 번 손절매를 하는 지경이 되어 손실

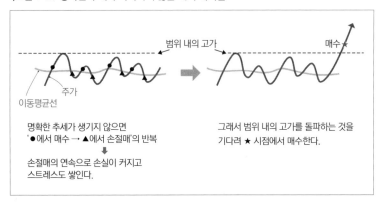

〈그림 4-17〉 명확한 추세가 나타나지 않을 때의 대처법

이 증가하고 스트레스가 몹시 쌓이게 된다.

그래서 단순히 주가가 이동평균선을 돌파할 때가 아니라 어떤 범위 내에서 주가가 상단을 돌파하면 비로소 신규 매수를 하도록 원칙을 정할 수 있다. 범위 내의 상단을 돌파한다는 것은 그때까지 좁은 범위 안에서 주가가 왔다 갔다 하던 상태를 탈피하여 새로운 상승 파도가 생겨날 가능성이 크다는 것을 나타내기 때문이다.

이 방법을 활용하면 추세 전환 직후에 사는 것보다 다소 높게 매수하게 된다. 상단 돌파를 한 직후에 상승 동력을 잃고 다시 하락 추세로 전환되어 손절매를 해야 하는 일도 있다. 하지만 추세가 전환될 때마다 '매수 → 손절매'를 반복하는 것보다 전체적으로 볼 때 불필요한 손실을 줄일 확률이 높고 쓸모없는 매매를 하지 않아도 된다는 장점이 있다.

그렇다면 실제 주가 차트에서 검증해보자. 〈그림 4-18〉을 보자.

2014년 4월 4일에 1,449엔의 고가를 찍은 다음 반년 이상 그 고가를 넘지 못하고 있다. 그 기간에 주가는 몹시 좁은 범위 내에서 상하로 움직여 25일 이동평균선을 상향 돌파하거나 하향 돌파하는 일을 몇 번이고 반복하고 있다.

확실한 추세가 생기지 않은 전형적인 보합 패턴이다. 이동평균선을 상향 돌파할 때 한두 번은 매수할 수도 있다. 그렇지만 직전 고가(1,449엔)를 넘어 확실한 추세가 생기기 전까지는 매수하지 않겠다고 마음먹는 것이 작은 손실이 쌓여 스트레스가 되는 일을 피할 수 있다.

〈그림 4-18〉에서는 Ⓐ에서 1,449엔을 넘었다. 이때 지금까지 보합 시세가 종료되고 상승 추세로 전환될 가능성이 크다고 판단하여 신

〈그림 4-18〉 명확한 추세가 생기지 않는 경우의 대처법 사례

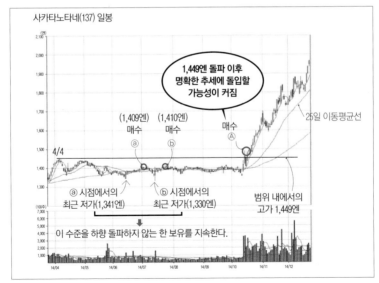

규 매수를 실행한다. 그 결과 지금까지 좁은 범위 안에서 움직였다는 것이 거짓말인 것처럼 주가가 상승을 계속했다.

보합 시세 대부분은 상단뿐 아니라 하단에서도 저항을 받는다. 최근 고가 돌파를 기다리지 않고 이동평균선을 상향 돌파할 때 신규 매수를 한 경우, 이동평균선을 하향 돌파하면 바로 손절매를 하는 것이 아니라 범위 내의 저가보다 하락할 때를 기다려 손절매를 하는 것이 하나의 방법이다. 그렇게 하면 실제로 손절매를 실행해야 하는 경우 손실은 다소 커지지만 불필요한 손절매를 반복하는 일을 피할 수 있다.

〈그림 4-18〉에서 말하자면 ⓐ의 1,409엔 근처나 ⓑ의 1,410엔 근처에서 신규 매수를 한 경우다. 어느 쪽도 4월 4일의 고가 1,449엔에는 도달하지 않았다. ⓐ 시점에서 범위 내의 저가는 6월 13일의 1,341엔이다. 그래서 이동평균선을 하향 돌파하면 손절매를 하는 것이 아니라 1,341엔 아래로 떨어졌을 때 손절매한다는 규칙을 정한다. 7월 14일에는 장중에 1,330엔까지 하락했다. 만약 이때 1,341엔에 역지정가 매도 주문을 설정해두었다면 손절매가 실행되었을 것이다. 하지만 역지정가 매도 주문을 하지 않았다면 그날 종가에서는 1,400엔 근처까지 회복되므로 그대로 보유할 수 있다. 그리고 그다음에는 손절매 가격을 1,341엔에서 범위 내 저가인 1,330엔으로 변경한다.

ⓑ에서 신규 매수를 한 경우에도 범위 내의 저가는 7월 14일의 1,330엔이다. 그다음 이동평균선을 몇 번 하향 돌파하지만 1,330엔 아래로 떨어지는 일은 없기 때문에 그대로 보유를 지속한다.

그 결과 ⓐ에서 신규 매수하여 1,341엔을 기준으로 역지정가 매도 주문을 한 경우를 제외하고는 매수 후에 범위 내의 저가보다 떨어지는 일 없이 주가는 상승으로 전환되어 저가권에서 매수한 셈이 되었다.

대시세에서는 어떻게 대응할까

몇 년에 한 번 찾아오는 대시세는 큰 이익을 얻을 기회다. 주가 추세 분석에서 매매 시점을 판별해두면 상승이 계속되는 대시세에서 주식을 계속 보유함으로써 이익을 크게 늘릴 수 있다.

그러나 대시세라고 해도 주가는 일직선으로 상승을 지속하는 것이 아니라 상승과 하락을 반복하면서 최종적으로 크게 상승해간다. 특히 일봉차트에 따른 주가 추세 분석에서는 상승 추세가 아무리 길어도 6개월이다. 보통은 3개월만 계속돼도 좋은 편이다. 하지만 본격적인 대시세라면 주가 상승이 몇 년 동안 계속된다.

지금부터 대시세에서 확고한 이익을 얻기 위해 주의해야 할 점과 좀더 장기로 대응하는 법을 설명하겠다.

① 보유주를 매도한 후에도 주가 추세를 따라간다

일봉차트를 보고 주가 추세 분석을 하는 경우에는 주가가 하락 추세로 전환되어 보유주를 매도한 다음에도 그 종목의 주가 추세에 계속해서 주의를 기울이자.

만약 대시세가 계속되고 있다면 〈그림 4-19〉의 A처럼 일봉차트에서 상승 추세가 일단 끝나더라도 잠시 후 다시 상승 추세로 회복된다. 그 시점에서 재매수를 한다. 보유주를 매도하고 이익을 확보하고 나면 그 종목의 주가를 더는 추적하지 않는 경우도 많지만, 그렇게 해서는 대시세를 놓칠 수 있다. 매도 후에도 주가를 주시하지 않으면 절호의 시점에 매수할 수 없게 된다.

상승이 몇 년이나 계속되는 대시세라면 저가에서 천장에 도달할

〈그림 4-19〉 대시세에서의 대응

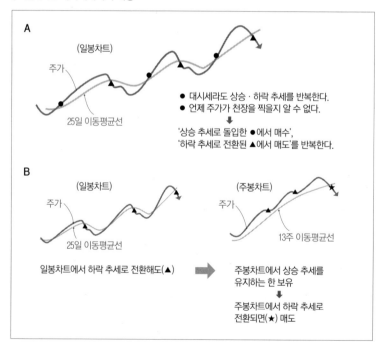

때까지 '상승 추세 돌입에서 매수'와 '하락 추세 전환에서 매도'라는 행위를 몇 번이나 반복해서 큰 이익을 얻을 수 있다. '하락 추세에 굳이 매도하지 않고 계속 보유하면 좋은 것 아닐까?' 하고 생각할 수도 있을 것이다. 하지만 대시세라는 것은 나중에 봤을 때에야 비로소 대시세였다는 걸 알 수 있을 뿐 언제 주가가 천장을 찍을지는 누구도 알 수 없다. 그러므로 하락 추세로 전환되면 일단 매도할 필요가 있다.

② 추세 전환을 판단하는 차트를 일봉에서 주봉으로 바꾼다

또 이런 방법도 있다. 주가 상승에 맞춰 추세 전환을 판단하는 차트를 보다 장기간의 것으로 바꾸는 것이다. 저가에서 반등할 때는 우선 일봉차트가 상승 추세로 전환되며, 거기서부터 주가가 순조롭게 상승하기 시작하면 곧 주봉차트에서도 상승 추세로 전환된다. 그래서 보유주의 매도 판단을 일봉차트가 아닌 주봉차트를 바탕으로 하는 것이다.

〈그림 4-19〉의 B를 보자. 대시세에서는 일봉차트가 하락 추세로 전환해도 다시 상승 추세로 회복된다. 그때 주봉차트는 상승 추세를 유지한 채로 있는 경우가 많다. 그래서 일봉차트의 하락 추세 전환은 무시하고 주봉차트에서 하락 추세로 전환됐을 때 매도한다고 기준을 세우면, ①과 같이 매도한 다음 재매수하는 상황을 줄일 수 있다.

또한 월봉차트까지 상승 추세로 전환되면 매매 판단을 월봉차트로 해도 상관없다. 다만, 월봉차트로 추세 전환을 파악하면 아무래도 늦

는 경향이 있다. 무리해서 월봉차트까지 사용할 필요는 없다고 생각한다.

③ 처음부터 주봉차트만으로 추세 전환을 판단한다

일봉차트는 처음부터 무시하고 항상 주봉차트로 추세를 판단하여 매매하는 방법도 있다. 일봉차트를 사용하는 경우보다 매수가가 높고, 매도가가 낮아질 가능성도 있지만 대시세에서는 그것도 허용 범위라고 할 수 있다. 아무리 대시세일지라도 일봉차트에서의 추세 전환은 생각보다 매우 빈번하게 일어난다. 매일 추세 전환 여부를 확인할 수 있을 만큼 여유가 없다면 주봉차트로 추세 전환을 판단하는 편이 더 좋을 것이다.

　대시세에 대응하고자 하는 경우 추세 전환을 할 때마다 매매를 반복하는 것이 힘들지 않다면 ①의 방법을, 매매 빈도를 줄이면서 대시세를 따라가고 싶다면 ② 또는 ③의 방법을 취하는 것도 좋다.

　그러면 실제 주가 차트에서 검증해보자. 〈그림 4-20〉을 보자. 일봉차트에서 상승 추세로 전환이 확실해진 지점에서 매수를 한다(매수 ①). 그다음 주가가 25일 이동평균선 아래로 떨어지면 매도, 다시 웃돌면 매수를 한다. 그렇게 하면 일봉차트만 이용한 경우 ②~④ 3회에 걸쳐 재매수를 해야 한다는 것을 알 수 있다. 특히 매수 ④의 포인트에서 제대로 재매수를 해두지 않으면 여기서부터 주가가 4개월 만에

〈그림 4-20〉 대시세에서의 대응 사례

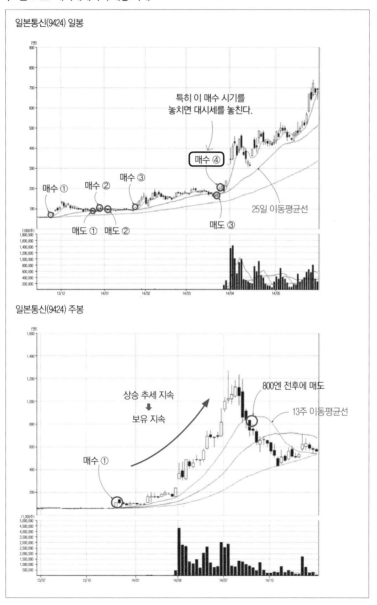

일본통신(9424) 일봉

특히 이 매수 시기를
놓치면 대시세를 놓친다.

매수 ④

매수 ① 매수 ② 매수 ③

매도 ① 매도 ②

매도 ③

25일 이동평균선

일본통신(9424) 주봉

상승 추세 지속
↓
보유 지속

800엔 전후에 매도

13주 이동평균선

매수 ①

6배 급상승하는 대시세를 놓쳐버리게 된다.

한편 주봉차트에서는 어떨까? 상승 추세로 전환된 매수 ①의 포인트에서 매수한 다음 계속 상승 추세가 지속되므로 매매를 하지 않고 보유를 지속할 수 있다. 상승 추세가 종료된 시점에서 800엔 전후로 매도한다.

눌림목을 기다렸는데 곧장 상승한 경우

실적 등으로 판단하는 펀더멘털 분석으로 좋은 종목을 발견했지만 주가가 이미 상승해서 이동평균선과의 이격이 커 신규 매수를 하기 어려운 상황도 자주 있다. 이럴 때는 주가의 일시적인 조정 국면(눌림목), 즉 주가와 이동평균선 간의 이격이 축소되는 것을 기다려 신규 매수를 하는 것이 일반적인 전략이다.

그런데 '눌림목은 기다려도 오지 않는다'라는 말처럼 주가와 이동평균선 간 이격이 그다지 축소되지 않은 채로 계속 상승하는 사례도 드물지 않다.

〈그림 4-21〉을 보자. 현재 주가 위치가 Ⓐ인 경우, 주가와 이동평균선 간 이격이 크므로 우선 ★ 근처까지 주가가 하락하기를 기다린다. 하지만 ★까지 하락하지 않고 반전 상승할 경우의 매수를 검토해보자. 매수할지 하지 않을지에 대한 판단 기준 중 하나는 반등 직전의

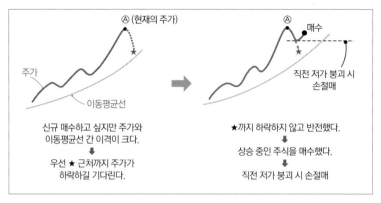

〈그림 4-21〉 눌림목이 얕을 때 매수

주가(최근 저가)를 손절매 선으로 했을 때 자신의 허용 가능한 손실률 범위에 포함되는가 하는 것이다. 원하는 종목의 주가가 이처럼 변동하여 손절매를 해야 하는 경우 손실을 최소화할 수 있는 시점이라면 적극적으로 매수를 진행해도 좋다.

그러면 실제 주가 차트 〈그림 4-22〉를 보자.

저가에서 크게 상승한 후 조정을 받아 ⒶＡ에서 긴 아래꼬리를 찍고 조정이 마무리될 가능성도 커진 상태다. 이 시점에서는 아직 주가와 이동평균선 간 이격이 크기 때문에 ★까지 하락하면 매수하고 싶다는 생각이다. 하지만 거기까지 하락하지 않고 반등 상승할 가능성도 크다고 판단하여 다음 날 장 시작과 함께 매수한다(3,480엔). Ⓐ의 아래꼬리 끝은 3,108엔이므로 이것을 손절매 가격으로 설정해둔다.

거기서부터 주가가 상승하다가 조정을 받아 Ⓑ까지 하락했다. Ⓑ에서는 25일 이동평균선 근처까지 조정 후 반등하고 있으므로, 보통 이

〈그림 4-22〉 갑작스러운 매수와 일반적인 매수 시기

를 바탕으로 한 ⓒ도 매수 시기로 본다. 이 경우에는 직전 저가 붕괴가 아니라 25일 이동평균선 붕괴에서 손절매 또는 매도하면 된다.

주가 추세 분석과 포지션 관리

주가 추세 분석의 근본은 주가 추세를 거스르지 않고 매매하는 추세 추종이지만 추세 매매의 성공률은 30% 정도라고 한다. 즉 10회 신규 매수를 하면 7회는 손절매를 하고 남은 3회에서 이익을 늘려 종합적 으로 고수익을 노리는 것이 주가 추세 분석이다.

내가 주가 추세 분석의 유효성을 높이기 위해 활용하는 포지션 관리 방법을 소개하고자 한다. 우선 투자 후보가 되는 종목을 고른다. 예를 들어 50종목을 골랐다고 하자. 각 종목의 투자금액은 총투자금액의 2% 전후로 한다. 이렇게 하면 50종목 모두에 투자할 경우 투자 자금 전액을 사용하게 된다. 물론 종목에 따라 조금 변화를 주는 것은 괜찮다.

먼저, 50종목 중 상승 추세 종목에만 2%씩 투자한다. 하락 추세가 되면 보유주는 매도하고 하락 추세가 지속되는 동안에는 투자를 피한다. 주식시장의 움직임이 강해 상승 추세 종목이 40종목이라면 투자 중인 자금이 80%, 현금 유동성이 20%다. 반대로 주식시장의 움직임이 약해 상승 추세 종목이 10종목밖에 되지 않는다면 투자 중인 자금이 20%, 현금 유동성이 80%가 된다.

이 방법을 사용하면 시장 전체가 강한 상승 추세일 때 주식투자 비율을 자동으로 높일 수 있다. 반대로 시장 전체가 약세로 변동되면 하락 추세로 돌아선 보유 주식을 매도하게 되므로 현금의 비율이 자동으로 높아진다. 이때도 주가 변동이 강한 개별 종목에 대해서는 그대로 보유를 지속하여 이익을 늘린다.

시장에는 항상 명확한 추세가 존재하는 것이 아니다. 장기간 모호한 추세가 지속되는 일도 드물지 않다. 명확한 추세가 나타나지 않는데도 투자 가능 자금 대부분을 항상 주식에 묻어둔다면 손절매만 늘어날 뿐 만족스러운 투자 성과를 얻을 수 없다. 강세 시장에서는 투자자금 배분을 크게 하고 약세 시장에서는 배분을 적게 하는 등 시장 상황에 맞춰 조정할 필요가 있다.

뜻밖의 돌발 매수를 하고자 할 때

원칙적으로 손절매는 25일 이동평균선의 붕괴에 맞춰 실행하고 주가와 25일 이동평균선 간 이격이 커진 상태에서 신규 매수를 하는 것은 가능한 한 피해야 한다고 지금까지 설명했다.

그러나 반대로 손절매 실행 시 손실률이 20~30%에 이를 우려가 있는 경우에도 투자자금 전체에 미치는 영향이 적다면, 주가와 이동평균선 간 이격이 커진 상황에서도 신규 매수를 해도 좋다.

〈그림 4-23〉의 차트를 보자. 회사가 발표한 당기 실적 예상이 큰 폭의 매출 증대, 이익 증대였기에 다음 날 장 시작과 함께 상한가로 직행하는 바람에 이날 대부분의 투자자가 매수하지 못했다. 이런 상황일지라도 실적에 대한 높은 기대치를 가지고 다음 날에라도 매수하고 싶어 하는 투자자가 있을 때, 투자자금 100만 엔을 가진 투자자와 1,000만 엔을 가진 투자자는 판단이 달라진다.

이 주식을 다음 날 상한가에 매수할 경우 가격이 4,715엔이다. 이때 25일 이동평균선은 약 3,500엔이라고 상정할 수 있으므로, 매수한 후 주가가 급락하여 이동평균선이 붕괴된 경우 손실률은 '(4,715-3,500)

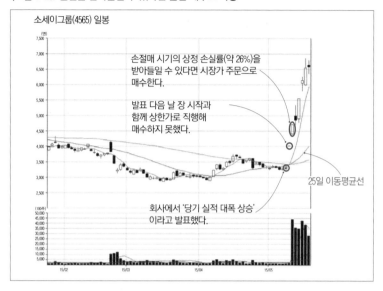

〈그림 4-23〉 손실을 받아들일 수 있다면 돌발 매수도 가능

소세이그룹(4565) 일봉

손절매 시기의 상정 손실률(약 26%)을
받아들일 수 있다면 시장가 주문으로
매수한다.

발표 다음 날 장 시작과
함께 상한가로 직행해
매수하지 못했다.

25일 이동평균선

회사에서 '당기 실적 대폭 상승'
이라고 발표했다.

÷ 4,715 = 26%' 전후로 잡을 수 있다. 만약 자금이 100만 엔인 투자

자가 이 종목을 4,715엔에 100주를 매수하여 3,500엔에 손절매한다면

'(4,715-3,500) × 100 = 121,500엔'의 손실이다. 투자자금 전체에서 손

실률이 약 12%, 즉 불과 1종목 손절매한 것으로 투자자금이 10% 이상

줄어드는 것이다. 이런 상황에서의 매수는 추천할 수 없다. 같은 일을

10회 반복하면 투자자금이 없어져 버리지 않는가.

하지만 투자자금이 1,000만 엔인 투자자라면 같은 금액으로 매수하

고 손절매했을 때 투자자금 전체에서 본 손실률은 약 1%에 지나지 않

는다. 이 정도의 손실률이라면 전체적으로 크게 타격을 받지 않는다.

실제로 나도 주가가 급상승하는 종목은 어떻게든 매수하고 싶을 때

가 있다. 이럴 때는 손절매하는 경우 투자자금 전체에 대한 손실률이 가능한 한 낮아지도록 소량의 주식을 사기도 한다.

〈그림 4-23〉의 예에서 상한가 다음 날 시장가 매수를 한 경우 4,410 엔에 매수하여 주가는 이후 상승을 지속했다. 하지만 이것은 결과론이 며 이렇게 되지 않고 주가가 급락하여 손절매를 해야 하는 사례도 당 연히 있다.

승률을 더욱 높이는 방법

주가 차트와 이동평균선을 사용한 주가 추세 분석을 실행하는 것만으 로도 매매 시점을 보다 확실히 판단할 수 있지만, 이것만으로는 보이 지 않는 부분이 있는 것도 사실이다. 지금부터는 투자 성과를 더욱 높 이기 위해 주가 추세 이외에 어떤 점에 유의하면 좋을지 소개한다.

① 펀더멘털 분석

〈그림 4-24〉를 보자. 당연하다고 하면 당연한 얘기지만, 실적과 성장 성에 대한 펀더멘털이 호조인 종목이 그렇지 않은 종목보다 주가가 상승할 가능성이 크다. 또한 펀더멘털이 호조인 종목이 조정 국면에 서도 주가가 크게 떨어지지 않는 경향이 있다. 그러므로 펀더멘털 분 석을 전혀 하지 않는 것보다 정밀도가 부족하더라도 최대한 하는 것

〈그림 4-24〉 펀더멘털이 좋은 종목과 그렇지 않은 종목의 차이

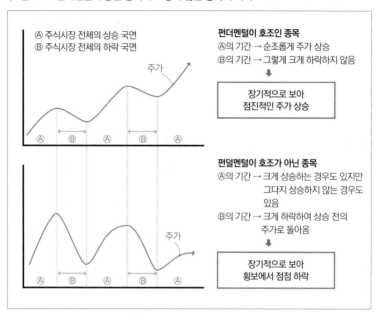

이 보다 높은 투자 성적을 거두는 데 도움이 된다.

그리고 펀더멘털 분석을 제대로 하면 '속임수'를 만날 확률도 낮아진다. 예를 들면 펀더멘털은 호조인데 주가가 일시적으로 하락 추세가 됐던 종목이 있다면, 주가가 다시 상승 추세로 전환된 경우 이후에는 호조인 펀더멘털을 반영하여 주가가 순조롭게 상승할 가능성이 커진다.

한편 펀더멘털 측면에서 특별한 것이 없는 종목은 하락 추세에서 상승 추세로 전환해도 펀더멘털의 뒷받침이 없기 때문에 바로 상승 동력을 잃고 반락하여 '속임수'가 될 가능성이 커진다. 사전에 펀더멘

털이 좋은 종목으로 투자 후보를 좁혀 이들 종목이 상승 추세로 전환됐을 때 매수한다면, 대충 적당한 종목을 고른 경우보다 투자 성과가 올라갈 것이다.

② 거래량

거래량은 주가 차트 아래에 막대그래프로 게재되어 있는 것이 일반적이다. 막대그래프의 높이가 높을수록 거래량이 많음을 나타낸다. 개별 종목의 과거 거래량 동향을 체크하는 것은 투자 성과를 높이는 데 매우 중요하다.

가장 주의해야 하는 점은 과거 돌발적인 급등과 함께 거래량이 폭증한 사례가 있는가 하는 것이다. 돌발적인 고가를 찍은 경우, 매수 후 주가가 급락하여 고가에 매수한 셈이 된 투자자가 많다는 것을 의미한다. 그들은 매수가가 회복되면 매도하려는 의지가 강하다. 따라서 주가가 상승해도 고점에서 물린 투자자들의 매도 공격으로 주가 상승이 억제된다.

〈그림 4-25〉를 보자. 2014년 7월에 들어서자 갑자기 주가가 급등했다. 이때 거래량을 보면 지난 1년 동안의 추이와 비교할 때 크게 증가한 것을 알 수 있다. 주가 급등 이후 거래량이 감소함과 함께 주가도 약세를 보이며 움직임이 무거워졌다.

이 돌발적인 고가를 넘어서기 위해서는 다시 거래량이 증가하여 고가에서 매수한 사람들의 팔고 싶어 하는 매도분을 흡수할 필요가

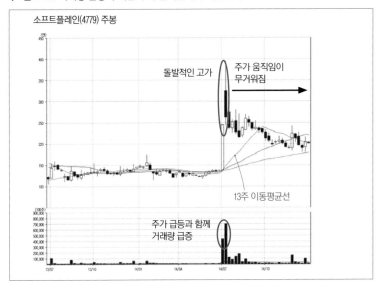

있다. 따라서 과거 거래량과 주가 차트를 체크하여 '돌발적인 고가와 거래량 증가'가 확인되는 종목은 그렇지 않은 종목보다 주가가 상승하기 어렵다고 판단할 수 있다. 종목을 고를 때 과거 주가 차트는 물론 거래량을 반드시 체크해야 하는 이유가 이것이다.

물론 돌발적으로 고가를 찍은 종목이라도 고가를 넘어 상승하는 경우도 있다. 〈그림 4-26〉을 보자. 2014년 6월에 지난 1년 동안 없었던 거래량이 나타나고 주가가 2,016엔까지 상승했다. 이후 주가는 반락했고, 거래량도 줄어 주가 상승이 더뎌졌다. 하지만 주가는 착실히 회복하여 2,016엔의 고가를 확실하게 뛰어넘었다. 그리고 12월에는 6월 고가를 크게 웃도는 3,045엔까지 상승했다.

〈그림 4-26〉 돌발적인 고가 경신 후 주가 상승

이런 경우는 고가에서 매수한 사람들의 상당한 매도 압력을 이겨 낼 만큼 매수 수요가 발생했다는 것을 의미한다. 이때는 돌발적인 고가를 넘어선 시점에서 신규 매수를 하거나 추가 매수를 하는 전략도 크게 유효하다.

③ 신용잔고

거래량과 함께 신용잔고도 수급 면에서 미래 주가에 크게 영향을 미치는 요소다. 이것도 주가 차트만 바라봐서는 알 수 없다.

신용거래란 현금과 보유 주식을 담보로 담보 가격의 최대 3배 금액만큼 주식거래가 가능한 제도다. 간단하게 말하면 '증권회사에서 돈을 빌려서 하는 주식거래'다.

〈그림 4-27〉을 보자. 신용거래에는 신용매수와 신용매도(공매도)가 있다. 신용매수를 한 투자자는 미래(원칙적으로는 6개월 이내)에 매도상환을 해야 한다. 반대로 공매도를 한 투자자는 미래에 매수상환을 해야 한다. 따라서 신용매수는 미래의 매도 수요, 공매도는 미래의 매수 수요라고 생각할 수 있다.

이 점을 고려하여 신용거래잔고를 체크하자. 신용매수잔고가 매일의 거래량과 비교하여 많으면 많을수록 미래 매도 압력이 높아짐을 나타낸다. 반대로 신용매도잔고가 많으면 많을수록 미래 매수 압력이 높아짐을 나타낸다. 즉, 신용매수잔고가 높은 수준으로 쌓여 있는 종목은 매도 압력이 크기 때문에 주가가 상승하기 어렵다. 반대로 신

〈그림 4-27〉 신용거래의 구조

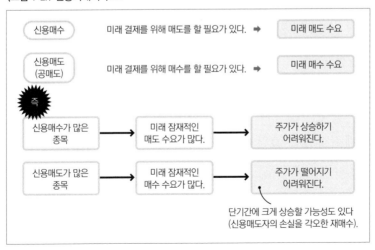

용매도잔고가 높은 수준으로 쌓여 있는 종목은 재매수에 따른 주가 상승이 기대된다.

그리고 신용매수잔고와 신용매도잔고 둘 다 있는 경우, 둘의 차이를 확인하자. 대부분 종목은 신용매수잔고가 신용매도잔고보다 많다. 신용매수잔고와 신용매도잔고가 같은 정도라면 보통보다 신용매도가 많이 쌓여 있는 상태이므로 주가가 상승하기 쉬워진다. 신용매도잔고가 많은 경우 신용매도를 한 투자자의 재매수에 의한 큰 주가 상승을 기대할 수 있다.

그리고 '신용매수잔고 ÷ 신용매도잔고'로 계산하는 신용비율에도 주목하자. 일반적으로 신용비율이 1.5배보다 작으면 신용거래 수급이 호조(미래 상승이 예상된다)라고 판단할 수 있다. 신용매도잔고가 신용매수잔고보다 높은 경우 신용비율이 1배 미만이 된다. 그리고 이전에 높았던 신용비율이 날이 지날수록 내려가는 경우도 신규 신용매도가 증가함을 의미하기 때문에 신용거래 수요가 개선되고 있다고 볼 수 있다.

이상의 내용을 바탕으로 실제 신용거래잔고의 추이와 주가 차트를 함께 살펴보자. 〈그림 4-28〉을 보자.

①의 시기에서 높은 수준의 신용매수잔고가 무겁게 작용해 주가가 상승하지 못하고 있다. 하지만 ②의 시기가 되면 신용매도잔고가 크게 증가하여 신용비율이 개선되고 주가도 상승한다. 그리고 ③의 시

〈그림 4-28〉 신용거래잔고의 추이에 주목하자

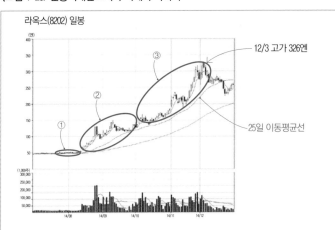

라옥스(8202) 일봉

라옥스(8202)의 신용거래잔고 추이(2014년 7~12월)

날짜	매도잔고	매수잔고	신용비율	종가	
7/18	3,799,000	20,197,000	5.32	50엔	
7/25	4,318,000	19,442,000	4.50	51엔	①
8/1	3,862,000	18,188,000	4.71	51엔	
8/8	3,931,000	19,300,000	4.91	69엔	
8/15	7,327,000	21,736,000	2.97	99엔	
8/22	12,989,000	28,803,000	2.22	98엔	
8/29	16,558,000	32,392,000	1.96	124엔	
9/5	17,222,000	33,001,000	1.92	123엔	②
9/12	16,431,000	33,775,000	2.06	115엔	
9/19	18,551,000	39,270,000	2.12	118엔	
9/26	18,507,000	37,669,000	2.04	153엔	
10/3	25,403,000	34,263,000	1.35	148엔	
10/10	30,390,000	36,451,000	1.20	144엔	
10/17	33,674,000	39,760,000	1.18	164엔	
10/24	32,948,000	37,985,000	1.15	183엔	
10/31	36,948,000	34,555,000	0.94	214엔	
11/7	42,254,000	41,346,000	0.98	208엔	③
11/14	40,300,000	41,763,000	1.04	261엔	
11/21	41,613,000	41,650,000	1.00	276엔	
11/28	40,210,000	39,261,000	0.98	286엔	
12/5	34,980,000	40,281,000	1.15	274엔	

출처: 야후파이낸스

기가 되면 신용매도잔고가 더욱 증가하여 신용비율이 1배로 하락하고, 때때로 신용매도잔고가 신용매수잔고보다 높은 상태가 된다. 이런 상황에서는 신용매도를 한 투자자들이 손실을 각오하고 재매수에 나서기 때문에 주가가 더욱 상승하게 된다. 주가 차트를 보면 ②보다 ③의 시기에 주가 상승 각도가 가팔라지는데, 바로 신용매도자들의 재매수에 의한 영향이라고 생각할 수 있다.

또한 신용매수잔고가 높은 수준에 있다고 해도 외국인 투자자의 대량 매수 등에 의해 신용매수가 정리되어 감소하고 그 결과 주가 상승이 쉬워지기도 한다. 예를 들어 〈그림 4-29〉의 신용거래잔고 추이를 보면 ①의 시기에는 대량의 신용매수잔고가 있었지만 ②의 시기가 되면 그것이 크게 감소한 것을 알 수 있다. 그사이 주가 차트를 보면 ①의 시기는 주가가 상승하지 않은 한편, ②의 시기에는 주가가 확실하게 상승 경향을 나타내고 있다. 이는 Ⓐ에서 대량의 매수가 일어나 주가가 상승했고, 이에 따라 신용매수잔고가 한 번에 정리된 것으

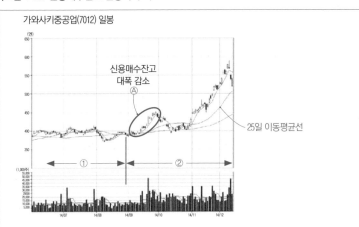

〈그림 4-29〉 신용매수잔고 변동과 주가

가와사키중공업(7012) 일봉

신용매수잔고
대폭 감소
Ⓐ

25일 이동평균선

① ②

가와사키중공업(7012)의 신용거래잔고 추이(2014년 7~12월)

날짜	매도잔고	매수잔고	신용비율	
7/4	3,525,000	18,219,000	5.17	
7/11	2,931,000	16,725,000	5.71	
7/18	2,815,000	17,292,000	6.14	
7/25	2,970,000	16,383,000	5.52	
8/1	1,470,000	17,103,000	11.63	
8/8	1,290,000	18,880,000	14.64	①
8/15	1,226,000	19,472,000	15.88	
8/22	1,512,000	19,074,000	12.62	
8/29	1,605,000	20,569,000	12.82	
9/5	1,598,000	19,250,000	12.05	
9/12	2,156,000	Ⓐ 13,293,000	6.17	
9/19	3,632,000	10,835,000	2.98	
9/26	2,313,000	9,381,000	4.06	
10/3	2,598,000	9,978,000	3.84	
10/10	2,385,000	11,156,000	4.68	
10/17	2,718,000	11,536,000	4.24	
10/24	1,863,000	13,530,000	7.42	②
10/31	1,809,000	11,884,000	6.57	
11/7	1,788,000	9,002,000	5.03	
11/14	2,032,000	8,493,000	4.18	
11/21	2,314,000	7,842,000	3.39	
11/28	2,558,000	9,806,000	3.83	
12/5	2,754,000	11,113,000	4.04	

출처: 야후파이낸스

로 볼 수 있다.

투자 후보 종목의 신용매수잔고가 높은 수준일지라도 주가가 상승 추세로 전환되면 우선 매수하는 방법도 있다. 주가의 추이와 신용매수잔고의 수준을 항시 체크하면서 주가 상승이 무거워지는 느낌이 들면 매도하거나 다른 종목으로 갈아타면 된다.

④ 역지정가 주문

매매 시점 중 '직전 고가 돌파와 역사적 저항대 돌파', '직전 저가 붕괴와 역사적 저항대 붕괴'에 대해서는 역지정가 주문을 활용하면 시점을 놓치지 않고 확실하게 매매할 수 있다.

〈그림 4-30〉을 보자. 역지정가 주문이란 일반적인 지정가 주문과는 정반대의 방법으로 '500엔 이상이 되면 매수', '400엔 이하가 되면 매도'처럼 주문하는 것이다. 즉, 지정가보다 높은 가격이 됐을 때 매수, 지정가보다 낮은 가격이 됐을 때 매도가 실행되도록 설정하는 주문이다. 일반적인 지정가 주문은 지정한 가격 이하가 아니면 매수 주문이 체결되지 않으며, 지정한 주가 이상이 아니면 매도 주문이 체결되지 않는다. 한 호가라도 높게 팔고 낮게 사고자 하는 게 투자의 기

〈그림 4-30〉 역지정가 주문

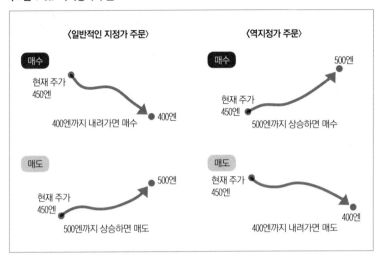

본이기 때문이다.

　역지정가 주문을 사용하는 장점은 직전 고가·저가와 역사적 저항 대를 크게 돌파하거나 붕괴한 경우, 그 가격에 한하지 않고 가까운 주 가에 주문을 체결할 수 있다는 점이다. 역지정가 주문을 사용하지 않 으면 직전 고가·저가와 역사적 저항대를 크게 넘어서거나 붕괴했을 때 그다음 날 매수 또는 매도하는 경우 직전 고가·저가 및 저항대와 크게 차이 나는 가격에 거래하게 될 가능성이 있다. 이것을 피하기 위 해 역지정가 주문을 사용한다.

　물론 장중에 직전 고가를 넘어섰다가 종가에는 되돌아오는 경우도 있고, 장중에 직전 저가 아래로 떨어졌다가 종가에 회복되는 경우도 있다. 이런 경우에는 역지정가 주문이 추세를 따르는 데 오히려 방해가 될 수도 있다.

그러므로 역지정가 주문을 사용하는 것이 100% 유리하게 움직이는 것은 아니라는 사실에 주의할 필요가 있다. 하지만 매수 시기가 도래한다면 확실하게 매수하고 싶거나 손절매 가격에 최대한 가까운 주가에서 확실하게 손절매하고 싶은 경우에는 적극적으로 활용하는 것이 좋다.

천장에서 팔지 않고
바닥에서 사지 않는다

주식투자의 유명한 격언 중에 '천장에서 팔지 않고 바닥에서 사지 않는다'라는 말이 있다. 주식투자를 잘하는 사람은 결코 천장에서 팔거나 바닥에서 사려 하지 않는다. 왜냐하면 주가 천장과 바닥은 나중에 되돌아볼 때 깨달을 수 있는 것이지, 주가가 움직이는 동안에는 절대 알 수 없기 때문이다. 상승하는 동안에 '이것이 천장이다'라고 생각해도 거기에서 더 상승하거나, 하락하는 도중에 '이것이 바닥이다'라고 생각해도 더욱 하락하는 일은 빈번하게 일어난다. 애초에 맞출 수 없는 천장과 바닥을 예상하지 말고 천장과 바닥을 쳤음을 확인할 수 있는 시점에 매매를 하는 편이 훨씬 안전하고 확실하다는 것이 이 격언이 뜻하는 바다.

사실 주가 추세 분석을 활용하면 이 격언을 자동으로 실천하게 된다. 주가 추세 분석에 따른 매수 시기인 '하락 추세에서 상승 추세로 전환된 직후'의 포인트를 앞의 〈그림 2-2〉에서 확인할 수 있다. 즉, 저가에서 주가가 조금 상승한 지점이다. 그리고 매도 시기인 '상승 추세에서 하락 추세로 전환된 직후'의 포인트도 마찬가지로 천장에서 주가가 조금 하락한 지점이다. 이처럼 천장과 바닥을 고집하지 않고, 충분히 저가권에서 사고 천장권에서 팔 수 있도록 해주는 것이 주가 추세 분석이다.

5 장

특수한 사례별 대처법

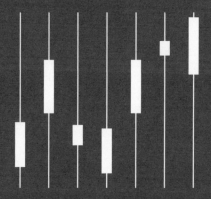

실적 발표는 주가에 어떻게 영향을 미치는가

주가에 크게 영향을 미치는 요소 중 하나가 기업의 결산 실적 발표다. 실적 발표는 연 1회의 연말결산과 3개월마다 하는 연 4회의 분기결산 이 있다. 3월 결산 기업이라면 5월 상순에는 당기결산 발표가 있으며 8월, 11월, 2월에 4분기 결산 발표가 있다. 실적 발표 시기는 기업에 따라 다소 차이가 있다(한국의 결산기는 12월로 12월 마감 후 90일 이내에 보고하게

〈그림 5-1〉 3월 결산 기업의 결산단신 게시 일정 예

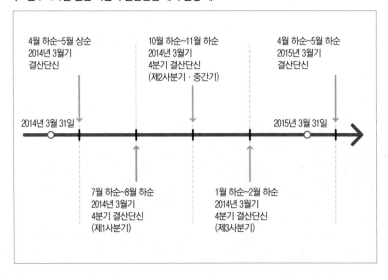

되어 있음―옮긴이).

실적 발표일보다 전이라도 이전 발표한 잠정 실적을 웃도는(또는 밑 도는) 것이 확실해지면, 그 시점에 잠정 실적의 상향 수정(하향 수정) 발 표를 한다. 좋은 실적을 발표했고 향후 잠정 실적 전망도 상향이라면 주가는 상승하는 경향이 있다. 반대로 결산이 좋지 않았거나 잠정 실 적 전망이 하향으로 수정된다면 주가는 하락하는 경향이 있다. 또한 분기 실적 발표에서는 당기의 잠정 실적도 함께 발표하며, 결산 발표 에서는 다음 분기의 잠정 실적도 동시에 발표된다.

주가는 미래를 내다보고 움직이므로 비록 분기 실적과 당기 실적 결과가 좋아도 당기 잠정 실적이 하향 수정되거나 차기에 수입 감소, 이익 감소가 예상된다면 주가가 떨어지는 경우도 자주 있다. 단순히 '실적이 좋다 = 주가 상승', '실적이 나쁘다 = 주가 하락'으로 연결되지 않기에 주가 향방을 예측하기가 어렵다. 전기와 비교하여 이익이 대 폭 증가한 실적이 발표된다고 해도 투자자들이 예상한 수치보다 낮 다면 주가는 하락할 수도 있다. 반대로 전기에 비해 이익이 감소한 실 적이라고 할지라도 투자자들의 예상보다 양호하다면 그것이 호재로 작용하여 주가가 상승하는 일도 있다.

그리고 실적 발표를 할 때 시장 환경도 관계가 있다. 실적 결과가 투자자들의 예상보다 조금 나쁘다 하더라도 시장 전체가 강세라면 주가가 상승하는 일도 있고, 투자자들의 예상보다 좋은 실적이 발표 되어도 주식시장 전체가 약세라면 매도량이 증가하는 경우도 있다.

따라서 실적 발표에 대한 주가의 반응은 뚜껑을 열어보지 않으면 알 수 없다. '악재가 전부 나와도' 상승할 수 있는가 하면, '호재가 전부 나와도' 하락할 수 있다는 얘기다.

주식을 보유하고 있다면 실적 발표 시기의 주가 등락에 휘말려도 어찌할 도리가 없지만, 그래도 가능한 한 손해를 최소화하고 싶을 것이다. 이럴 때 주가 추세 분석이 도움이 된다.

주가 추세 분석에서는 실적 발표 전과 후의 주가 반응을 크게 다음 네 가지로 분류한다. 여기에서의 '실적 발표'란 실제 실적 발표뿐만 아니라 잠정 실적의 수정 발표도 포함한다. 특히 애초 예상과 실적 예상의 수정치가 크게 차이 나는 경우에는 실적 발표까지 기다리지 않고 잠정 실적을 수정 발표하는 시점에 이미 주가가 반응한다.

> **패턴 A: 실적 발표 전에는 상승 추세**

➡ 실적 발표 후에도 상승 추세 지속

> **패턴 B: 실적 발표 전에는 하락 추세**

➡ 실적 발표 후에도 하락 추세 지속

> **패턴 C: 실적 발표 전에는 상승 추세**

➡ 실적 발표 후에는 하락 추세로 전환

> **패턴 D: 실적 발표 전에는 하락 추세**

➡ 실적 발표 후에는 상승 추세로 전환

그러면 각각의 사례를 주가 차트를 통해 살펴보자.

우선 A 패턴이다. 〈그림 5-2-A〉의 주가 차트를 보자.

11월 6일 잠정 실적이 상향 수정되고 이에 영향을 받아 다음 날인 7일에 장 시작과 함께 주가가 상승했고, 그 후에도 순조롭게 상승 추세가 지속됐다. 실적 예상이 상향 수정되기 직전인 11월 6일 시점에 이미 상승 추세였으므로 이때 진입했다면 저가에 매수할 수 있었다.

또한 실적 예상의 상향 수정 발표 시점에 이 종목을 보유하고 있지 않을 경우, 다음 날인 7일의 주가를 보고 이동평균선과의 이격이 크지 않다고 판단했다면 신규 매수를 하면 된다.

〈그림 5-2-A〉의 사례에서는 7일의 장 시작과 함께 주가와 25일 이

〈그림 5-2-A〉 실적 발표 전 상승 추세 ➡ 실적 발표 후 상승 추세

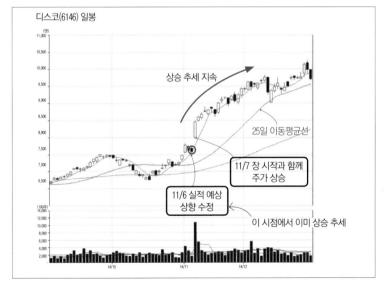

동평균선 간 이격이 10% 미만일 때, 손절매를 할 때의 손실률도 10% 정도라고 예상할 수 있다(이동평균선을 하향 돌파할 때 손절매하는 경우). 그래서 7일 장 시작과 함께 신규 매수도 유효한 전략이 된다.

다음은 B의 패턴이다. 〈그림 5-2-B〉의 주가 차트를 보자.

10월 20일에 실적 예상이 하향 수정됐고, 이에 영향을 받아 다음 날 하한가로 직행할 정도로 주가가 급락했다. 하지만 10월 20일 시점에 이미 주가는 명확하게 하락 추세를 그리고 있었으므로 하락 추세가 되고 얼마 지나지 않은 시점에 보유주를 매도했다면 주가 급락에 의한 큰 손실을 피할 수 있었다. 만약 이 종목을 신규 매수한다면 상승 추세로 전환됐음을 확인한 다음이다.

〈그림 5-2-B〉 실적 발표 전 하락 추세 ➡ 실적 발표 후 하락 추세

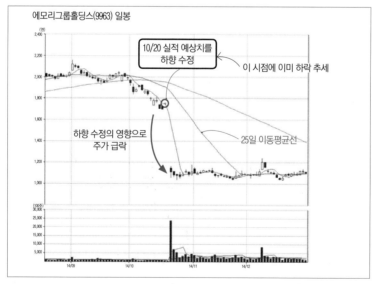

계속해서 C의 패턴이다. 〈그림 5-2-C〉의 주가 차트를 보자.

9월 30일 실적 예상치를 하향 수정했지만 9월 30일 시점에서는 아직 상승 추세였다. 하지만 다음 날인 10월 1일에는 하향 수정의 영향으로 장 시작과 함께 주가가 대폭 하락, 이동평균선 아래로 크게 떨어졌으므로 신속하게 매도할 필요가 있다.

마지막으로 D의 패턴이다. 10월 20일에 실적 예상치를 상향 수정했지만 그 시점에서는 아직 주가가 하락 추세였다. 하지만 다음 날 30일에는 상향 수정의 영향으로 주가가 대폭 상승했다. 이 시점에서 주가와 이동평균선 간 이격이 크지 않다면 신규 매수를 검토한다. 〈그림 5-2-D〉의 사례는 30일 장 시작과 함께 주가와 이동평균선 간 이격이

〈그림 5-2-C〉 실적 발표 전 상승 추세 ➡ 실적 발표 후 하락 추세

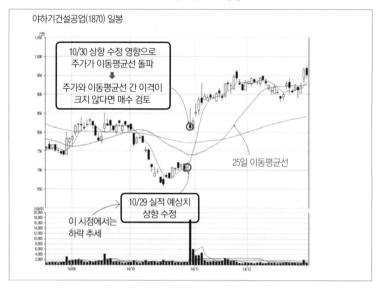

〈그림 5-2-D〉 실적 발표 전 하락 추세 ➡ 실적 발표 후 상승 추세

약 20%이므로 신규 매수를 하는 것도 유효한 전략의 하나다. 물론 자신의 판단을 기준으로 10%의 이격률이 크다고 판단했다면 매수를 하지 않아도 상관없다. 또한 이동평균선과의 이격률이 10%인 가격에 지정가 매수 주문을 설정해두는 것도 방법이다. 가격이 지정가 수준에 이르면 이격률 10% 이내에서 주문이 실행되지만 10%를 넘을 경우에는 매수를 하지 않고 지나갈 수 있다.

대부분 기업에 대해 증권 애널리스트가 실적 등을 리서치하고 그 정보를 바탕으로 기관 투자자 등 기관 투자자가 주식을 매매한다. 그러므로 실적이 호조인 기업은 실적 발표를 기다리지 않고 이미 주가가 상승 추세를 그리는 것이 일반적이다. 반대로 실적이 부진한 기업의 주가는 결산 발표 전부터 하락 추세가 된 경우가 많다. 기관 투자자가 앞서 움직이기 때문이다.

기업의 실적 발표에 따라 주가는 다소 변동이 있을 수 있지만, 추세는 사실상 크게 바뀌지 않는다. 원래부터 상승 추세에 있던 종목이 좋은 실적 발표로 더욱 상승한다든가, 원래 하락 추세였던 종목이 부진한 실적 발표로 재차 하락하는 움직임이 되기 쉽다. 그러므로 상승 추세에 있는 종목만을 매수·보유하고 하락 추세 종목은 보유하지 않도록 한다면, 실적 발표 시기의 주가 변동에 어느 정도 대응할 수 있다.

실적 발표를 토대로 대책을 마련해야만 하는 것은 실적 발표 직후에 주가 추세가 변하는 C와 D의 패턴이다. 이것은 말하자면 '서프라이즈 실적'이 발표됐을 때 일어난다. 즉, 투자자들의 예상과 크게 다른 실적 발표가 나온 경우다.

C 패턴에 해당하는 종목을 보유하고 있는 경우에는 〈그림 5-2-C〉처럼 하락 추세에 들어간 것을 확인한 후 신속하게 매도할 필요가 있다. 최근에는 서프라이즈 실적을 계기로 지금까지 호조였던 주가가 장기적인 하락으로 전환되는 경우도 적지 않으므로 종목 선정에 더더욱 주의를 기울여야 한다.

또한 상승 추세에 진입하고 얼마 되지 않은 시점에서 매수해두면, C의 사례에 해당하는 매도를 하게 되더라도 충분히 수익을 낼 수 있다. 상승 추세로 전환된 초기 단계에 매수해야 하는 이유 중 하나가 바로 이것이다.

물론 주가 하락이 일시적이고 이후에 다시 상승하는 일도 있지만 그것은 결과론이다. 〈그림 5-2-C〉처럼 하락 추세로 전환된다면 일단 매도하고, 상승 추세를 회복한 시점에 재매수하면 된다. 주가 하락이 일시적일지 장기적일지는 그 시점이 지난 후에야 알 수 있다. 항상 최악의 상태를 고려하여 행동하자.

D의 패턴에 해당하는 종목은 실적 발표 전에는 하락 추세였으므로 결산 발표 시점에서는 보유하고 있지 않을 확률이 높을 것이다. 이런 종목이 실적 발표를 기회로 상승 추세로 전환된다면 상당히 단기간에 급등하여 주가와 이동평균선 간 이격이 확대된다. 대부분 투자자가 적극적으로 매수에 나서기에 상승에 속도가 붙기 때문인데, 상승 추세가 지속되는 한 보유를 지속하면 된다.

유상증자가 발표되면 주가는 어떻게 움직이나

일반적으로 기업이 증자를 발표하면 주가는 하락한다. 이미 발행한 주식 수가 증가하는 데 따라 1주당 당기순이익의 감소 등 1주당 가치의 희석이 발생하기 때문이다〈그림 5-3〉.

유상증자 발표로 주가가 어느 정도 하락하는가는 신주의 발행으로 주식 수가 어느 정도 증가하는지로 대략 추측할 수 있다. 예를 들어 〈그림 5-3〉처럼 발행 주식 총수 1억 주인 기업이 유상증자로 2,000만 주의 신주를 발행하는 경우 희석률은 '2,000만 주 ÷ (1억 주 + 2,000만 주) = 16.7%'가 된다. 즉, 유상증자 발표로 주가는 약 16.7% 하락하리라고 예상할 수 있다. 그러나 이것은 어디까지나 기준일 뿐이며 그때 그때의 시장 환경에 따라 달라진다.

만약 시장 환경이 양호하다면 주가의 하락은 주당 가치 희석률과

〈그림 5-3〉 유상증자에 따른 1주당 가치 희석화

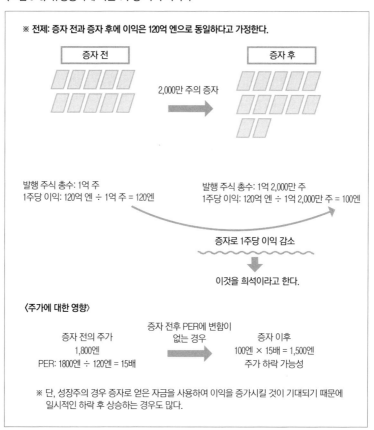

※ 전제: 증자 전과 증자 후에 이익은 120억 엔으로 동일하다고 가정한다.

증자 전

증자 후

2,000만 주의 증자

발행 주식 총수: 1억 주
1주당 이익: 120억 엔 ÷ 1억 주 = 120엔

발행 주식 총수: 1억 2,000만 주
1주당 이익: 120억 엔 ÷ 1억 2,000만 주 = 100엔

증자로 1주당 이익 감소

이것을 희석이라고 한다.

〈주가에 대한 영향〉

증자 전의 주가
1,800엔
PER: 1800엔 ÷ 120엔 = 15배

증자 전후 PER에 변함이
없는 경우

증자 이후
100엔 × 15배 = 1,500엔
주가 하락 가능성

※ 단, 성장주의 경우 증자로 얻은 자금을 사용하여 이익을 증가시킬 것이 기대되기 때문에
일시적인 하락 후 상승하는 경우도 많다.

같은 정도이거나 그보다 적을 것이다. 그리고 증자 발표 후 며칠 이내에 신주의 발행 가격이 결정되면 거기서부터는 신주의 가격을 저가로 하여 추이를 볼 수 있다. 강세 종목이라면 신주의 가격 결정 직후부터 주가가 반등하는 일도 있다. 그러나 시장 환경이 나쁘면 증자 발표에 따라 주가가 급락하고 신주 발행 가격의 결정일까지 주가가 줄줄 흘러내릴 수도 있다. 종목에 따라서는 가격 결정 후에도 주가가 올라가지 않아 신주 발행 가격을 크게 낮추는 일이 생기기도 한다.

또한 증자를 발표한 종목이 성장주인가 아닌가에 따라서도 증자가 실행(신주가 발행)된 다음의 주가 움직임이 달라진다. 매출과 이익이 매년 증가하고 올해도 이익을 기대할 수 있는, 이른바 '성장주'가 증자 발표를 한 경우 주당 가치의 희석으로 인기가 떨어져 일단 주가가 하락한다. 하지만 이후 증자로 얻은 자금을 유효하게 활용하여 더 가파른 실적 성장이 기대되는 경우에는 주가가 다시 상승하는 사례도 많다.

한편 신주를 발행하여 자금을 끌어왔는데 기업 가치를 높이는 데 사용하지 않거나 미래가 기대되는 성장주가 아닌 경우는 주당 가치의 희석화라는 부정적인 부분만 부각되어 증자 발표를 계기로 주가가 하락을 지속하는 일도 있다. 이런 점들을 고려하여 증자 발표를 한 종목에 대한 대책을 생각해보자.

증자 종목을 신규 매수하고자 할 때

증자를 발표한 종목의 신규 매수는 어떻게 하면 좋을까?

순조롭게 상승 추세를 유지하던 종목일지라도 대부분의 경우 증자 발표에 따라 주가가 하락하여 한순간에 하락 추세로 전환된다. 이때도 신규 매수는 앞서 설명한 원칙대로 상승 추세로 전환되기를 기다려야 한다.

단, 상승 추세로 전환되기를 기다리다 보면 저가에서 꽤 상승해버리는 일도 있다. 그래서 바닥을 친 다음 다소 반등 국면에서 매수하는 것도 하나의 전략이다. 이 경우에는 직전 저가 또는 신주 발행 가격을 손절매 가격으로 한다. 특히 성장주의 경우 증자 발표 이후 주가가 일시적으로 하락했다가 다시 상승하는 일이 많으므로 이런 전략이 유효하다.

증자 종목을 보유하고 있다면

그렇다면 증자를 발표한 종목을 보유하고 있을 때는 어떻게 해야 할까?

증자 발표 다음 날에는 주가가 하락하는 경우가 많다. 즉, 시가가 당일 고가가 될 수 있으므로 장 시작과 함께 시장가 주문으로 매도하는 것이 하나의 방법이다. 만약 신주 발행 가격이 결정될 때까지 그대로 참고 보유를 지속한다면, 신주 발행 가격이 확실하게 낮게 결정될 경우 매도 또는 손절매를 한다.

일단 매도한 다음의 재매수 시기는 직전에 설명한 증자 종목 신규 매수 방법과 같다.

실제로 증자를 발표한 종목의 주가 차트를 통해 대처법을 확인해 보자. 〈그림 5-4-A〉를 보자. 2014년 11월 11일에 증자 발표를 했는데 이 시점에서는 주가가 상승 추세였다. 증자 발표의 영향으로 다음 날 인 12일에는 주가가 하락했으나 상승 추세는 유지됐다. 일반적으로 증자 발표 다음 날 주가가 25일 이동평균선에서 크게 떨어지지만, 이 종목은 이동평균선에서 떨어지지 않았으므로 이 시점에서 보유주를

〈그림 5-4-A〉 증자를 발표한 종목의 대처법 1

매도할 필요는 없다.

주가가 25일 이동평균선 아래로 떨어진 건 신주 발행 가격이 1,315엔으로 결정된 다음 날인 11월 20일부터다. 만약 그 종목을 증자 발표 전부터 보유하고 있었다면 여기에서 일단 매도한다. 이후 11월 28일 (신주가 시장에 유통되는 날)에 일시적으로 1,246엔까지 하락하여 발행 가격 1,315엔보다 떨어졌지만 거기서부터 반등하여 12월 1일에는 다시 25일 이동평균선을 넘었다. 그리고 결국 11월 11일의 고가 1,515엔도 넘어 상승을 지속한다.

이처럼 증자에 의해 주가가 단기적으로 하락해도 바로 상승으로 전환되어 증자 발표 전 이상으로 상승을 지속하는 경우도 있다. 보유주를 일단 매도한 경우 재매수를 한다면 다시 상승 추세로 전환된 12월 2일 또는 3일이 매수 시기가 된다. 또 이 종목을 보유하고 있지 않다면 신규 매수를 하는 경우도 마찬가지로 12월 2~3일 근처가 매수 시기다.

〈그림 5-4-B〉를 보자. 2015년 10월 2일 증자 발표를 한 시점에서는 상승 추세였다. 하지만 다음 날인 3일에 크게 하락하여 명확하게 25일 이동평균선 아래로 떨어졌다. 이 종목은 증자로 발행된 신주가 많아 주당 가치 희석률이 20% 가까이 되기 때문에 증자 발표 후 주가가 크게 하락했다. 10월 15일에 발행 가격이 2,467엔으로 결정됐는데 증자 발표 전의 주가와 비교할 때 희석률보다 더 높은 하락률에서의 가격 결정이 되어버렸다. 발행 가격이 결정될 때까지 주가가 하락을 멈

〈그림 5-4-B〉 증자를 발표한 종목의 대처법 2

십헬스케어홀딩스(3360) 일봉

- 25일 이동평균선
- 10/2 증자 발표
- 발표 다음 날(10/3)에 매도했다면 비교적 고가에 매도 가능
- 신규 매수, 재매수 시점
- 증자 발표 영향으로 주가 하락(발행 주가가 결정될 때까지 주가가 크게 떨어지는 경우가 많다.)
- 25일 이동평균선 붕괴로 일단 후퇴
- 10/15 발행 가격 2,467엔으로 결정

추지 않은 것이 큰 요인이 됐다.

10월 23일에 신주가 발행된 다음 10월 28일에는 발행 가격보다 조금 떨어지는 2,444엔까지 하락하여 거기서부터 반등하고 있다. 하지만 반등력이 몹시 약하여 증자 발표 전의 주가 수준까지는 아직 먼 상황이다.

이 종목을 증자 발표 전부터 보유하고 있었다면 매도 시기는 10월 3일의 첫 거래다. 앞서 설명한 대로 증자 발표 직후에 매도했을 때 최고가에서 매도할 가능성이 크다는 사실은 이 사례에도 적용된다. 가격을 고집하지 말고 장전 동시호가에서 시장가로 매도 주문을 내놓는 것이 좋다.

이후 재매수 또는 신규 매수 시기는 주가가 25일 이동평균선을 넘어선 11월 초순의 주가 2,700~2,800엔 근처가 된다. 그런데 주가의 반등력이 약해 12월 초순 이동평균선 아래로 떨어지므로 손절매가 필요해진다.

〈그림 5-4-A〉 트리돌과 〈그림 5-4-B〉 십헬스케어홀딩스는 카테고리상으로는 둘 다 성장주로 분류되지만, 증자 발표 이후 주가의 움직임은 크게 다르다는 것을 알 수 있다. '이 종목은 성장주니까 머지않아 상승으로 전환된다'라고 단정하지 말고 주가 차트를 통해 추세를 파악하고 그에 따라 투자를 실행해야 한다.

기업이 증자를 발표하면 그 내용이 기업 홈페이지와 증권거래소에 게시되며 다음 날의 경제신문에도 게재된다. 주가가 급락한 걸 보고 나서야 증자 발표를 했다는 사실을 알게 되는 일이 없도록 정보를 수시로 체크하자.

돌발적인 급락이 발생한 경우

주식투자를 할 때 도저히 피해 갈 수 없는 것 중 하나가 돌발적인 급락이다. 블랙먼데이, 9·11 테러, 동일본 대지진 등 갑자기 일어나는 사건·사고, 천재지변 때문에 주가가 급락하는데 이런 일은 누구도 사전에 예측할 수 없다.

하지만 주가가 하락 추세로 전환된 시점에 신속하게 보유주를 매도한다면 피할 수 있는 급락도 있다. 엄밀하게 말하면 돌발적인 주가 급락은 아니지만 2008년 가을 리먼 쇼크를 예를 들면, 주가가 급락하기 전에 이미 대부분 종목이 하락 추세에 들어서 있었다.

〈그림 5-5〉를 보자. 닛케이평균주가지수 일봉과 월봉차트다. 당시 닛케이평균주가지수는 일봉차트에서 12,000엔대에 이미 명확하게 하락 추세에 들어갔으며, 월봉차트를 보아도 2007년 12월에는 12개월 이동평균선과 24개월 이동평균선까지도 뚫고 내려가 장기적인 하락 추세에 돌입했음을 시사하고 있었다. 그리고 늦어도 2008년 9월을 보면 2008년 3월의 저가보다 내려가 있으므로 이 시점에서 이미 비정상적인 상태라는 것을 감지할 수 있었다. 주가 추세에 신경을 쓰고 있었다면 리먼 쇼크로 인한 주가 하락을 사전에 피하거나 손실을 최소화할 수 있었던 것이다.

사전에 회피할 수 있는 급락을 제대로 회피하는 것만으로도 다른 투자자보다 훨씬 나은 성과를 낼 수 있다. 그런 의미에서도 보유주가 하락 추세로 전환된 경우 매도하는 것은 당연한 일이다. 닛케이평균이나 TOPIX 같은 주가지수가 확실하게 하락 추세로 전환되면 상승 추세인 주식이라도 일부 매도하는 등 현금 보유 비중을 높이는 것이 중요하다.

그렇다면 사전에 회피할 수 없는 돌발적인 주가 급락에는 어떻게

〈그림 5-5〉 리먼 쇼크 당시 주가 하락

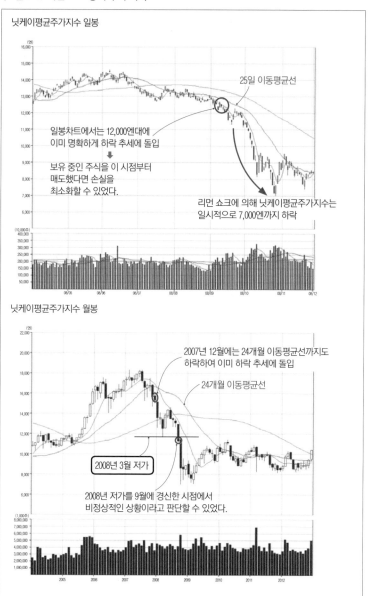

닛케이평균주가지수 일봉

25일 이동평균선

일봉차트에서는 12,000엔대에
이미 명확하게 하락 추세에 돌입
↓
보유 중인 주식을 이 시점부터
매도했다면 손실을
최소화할 수 있었다.

리먼 쇼크에 의해 닛케이평균주가지수는
일시적으로 7,000엔까지 하락

닛케이평균주가지수 월봉

2007년 12월에는 24개월 이동평균선까지도
하락하여 이미 하락 추세에 돌입

24개월 이동평균선

2008년 3월 저가

2008년 저가를 9월에 경신한 시점에서
비정상적인 상황이라고 판단할 수 있었다.

대처해야 좋을까? 예를 들어 2011년 3월의 동일본 대지진에 의한 주가 급락 같은 경우다. 이런 경우 상승 추세 중인 주식도 다음 영업일 장 시작과 함께 크게 하락하여 단번에 하락 추세가 됐다. 이럴 때는 가능한 한 빠르게 매도하는 것이 상책이다. 대형 사건·사고가 발생했을 때는 투자자가 패닉에 빠지므로 주가가 어디까지 떨어질지 알 수 없기 때문이다. 어떤 상황일지라도 '하락 추세로의 전환 = 보유주 매도'라고 정해두자.

대규모의 주가 급락이 일어나면 이후 한동안 주가는 급등락을 반복한다. 저렴하게 재매수하겠다고 섣불리 움직이지 말고, 주가가 안정되고 상승 추세로 전환될 때까지 차분하게 기다리는 것이 좋다고 생각한다.

그런데 오히려 이런 주가 급락 국면을 주식을 저렴하게 살 수 있는 기회라고 생각하여 신규 매수를 실행하는 개인 투자자도 많은 듯하다. 하지만 저렴하게 샀다고 생각해도 거기서부터 더욱 크게 하락하는 일이 종종 있다. 펀더멘털 분석에 대단히 자신이 있어서 기업 가치보다 확실하게 저평가되어 있는 종목을 산다면 이야기가 다르겠지만, 하락 추세 중 매수를 하는 것은 투자 수익을 내는 데 전혀 도움이 안 되는 일이다.

예를 들어 〈그림 5-6〉을 보자. 이 기업도 동일본 대지진에 의해 주가가 급락했다. 이때를 절호의 매수 기회라고 생각하여 추세에 반하는 매수를 하고 싶어 하는 사람이 있었을지 모르지만, 다소 반등이 나

〈그림 5-6〉동일본 대지진 당시 지속된 하락세

타난 후 주가 하락이 계속됐음을 볼 수 있다.

　확실하게 실적이 좋은 종목이라면 상승 추세 전환을 기다려 매수하는 것보다 주가가 급락했을 때 사는 편이 저렴하게 매수하는 방법이겠지만, 거기서부터 더 크게 하락한다면 치명적인 손실을 피할 수 없다. 무리하지 않고 상승 추세로 전환된 후에 신규 매수를 하는 편이 큰 손실을 피할 수 있다. 주식투자에서 가장 중요한 것은 '얼마나 많은 이익을 남기는가'가 아니라 '얼마나 큰 손실을 내지 않았는가'이기 때문이다.

버블에 대응하는 법

버블이란 '실적 등의 펀더멘털에서 본 기업 가치보다 확실하게 높은 가격에 매수되는 상황'을 말한다. 반대로 '실적 등의 펀더멘털에서 본 기업 가치보다 확실하게 저렴한 가격에 매도되는 상황'을 역버블이라고 한다. 한마디로 가치보다 매수 수요가 과도하게 일어나면 버블, 가치보다 매도 수요가 과도하게 일어나면 역버블이다. 우선 확실히 알아둬야 할 것은 '버블은 언제 붕괴될지 모른다', '버블인지 아닌지는 지나보지 않으면 모른다'라는 점이다.

주가 추세 분석이 우수한 점은 〈그림 5-7〉처럼 버블과 역버블에도 제대로 대응할 수 있다는 것이다.

펀더멘털을 지나치게 중시하면 펀더멘털보다 확실하게 고평가된

〈그림 5-7〉 버블 시세, 역버블 시세의 대처법

버블 시세: 펀더멘털과 비교해 확실하게 주가가 높은 상태		
역버블 시세: 펀더멘털과 비교해 확실하게 주가가 저렴한 상태		
구분	펀더멘털 분석	주가 추세 분석
버블 시세	확실하게 비싼 값이기 때문에 보유주는 매도하고 신규 매수 회피 ↓ 이익을 얻을 기회 외면	확실하게 비싼 값이기 때문에 상승 추세가 지속되는 한 보유 지속 ↓ 큰 이익을 얻을 기회※
역버블 시세	확실하게 저렴한 가격이므로 신규 매수 진행 ↓ 주가가 더욱 하락하여 큰 손실	확실하게 저렴한 가격이지만 하락 추세가 지속되는 한 신규 매수 회피 ↓ 손실 방지 가능
※ 단, 고가에 매수하는 것을 피하고 손절매를 철저히 하는 것이 중요		

버블 시세를 활용할 수 없고, 역버블 시세에서는 저평가됐다 하더라도 하락 추세가 지속되는 종목까지 보유를 지속하여 큰 손실을 얻을 수밖에 없다. 하지만 주가 추세 분석을 기초로 매매하면 버블 시세에서도 확실하게 이익을 얻을 수 있고 역버블 시세에서는 주식 보유를 억제해 손실을 막을 수 있다.

주가 추세 분석을 이용한 기본적인 전략은 버블에서 특히 유효하다. 주가가 상승 추세를 지속하는 한 보유를 지속함으로써 이익을 착실하게 늘려나갈 수 있다. 또한 역버블의 경우, 주가가 저평가됐다고 해도 하락 추세가 지속되는 한 신규 매수와 보유를 피할 수 있다. 그럼으로써 손실을 예방하고, 곧이어 다가올 신규 매수 기회(상승 추세로의 전환)를 기다릴 수 있다.

하지만 아무리 상승 추세라고 해도 버블 상태에 있는 종목에 발을 들일 때는 세심한 주의가 필요하다. 버블이 붕괴되면 당연하게도 주가는 크게 하락한다. 버블 시세에서 실패하는 전형적인 패턴은 고가에 매수하는 것과 손절매를 하지 않거나 늦어서 손실이 커지는 것이다. 그러므로 고가 매수를 피하면서 손절매를 철저히 하고, 손절매로 인한 손실이 적은 시점에 사는 것이 중요하다.

구체적으로 다음과 같이 대응한다.

> ▶ 주가가 저가에서 단기간에 5배 이상 상승한 종목은 피한다(특히 실적이 바탕이 되지 않은 주가 상승은 주의한다).

> 주가와 이동평균선 간 이격이 그다지 크지 않은 종목을 매수하고, 이동평균선 붕괴 시 손절매한다.

> 직전 저가와 주가 간 이격이 그다지 크지 않은 종목을 매수하고, 직전 저가 붕괴 시 손절매한다.

그러면 실제 주가 차트로 이와 같은 사실을 확인해보자. 우선 〈그림 5-8-A〉부터 살펴보자.

이 종목은 신규 상장 직후부터 바이오 관련 주식에 대한 관심이 높아진 영향으로 특히 2013년 4~5월에 크게 상승했다. 이 시기는 바이오 관련주라면 실적이 전혀 없어도 급등하는 전형적인 '바이오 관련

〈그림 5-8-A〉 버블의 예

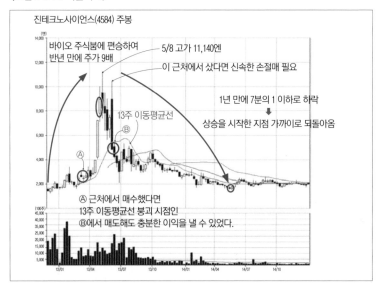

주 버블 시세'였다. 5월 8일에 11,140엔까지 상승해 겨우 5개월 만에 상장 직후의 저가 1,212엔에 비해 10배 가까운 가격이 됐다. 하지만 버블이 끝나고 천장을 찍은 다음에는 상승을 시작한 지점과 거의 같은 수준으로 돌아왔다.

이런 종목을 다루는 방법도 기본적으로는 지금까지 설명한 주가 추세 분석에 의한 매매 규칙을 적용한다. 여기에서는 주봉차트를 살펴보겠다.

만약 버블 시세의 초기 단계인 Ⓐ 근처에서 매수한다면, 천장에서 파는 것은 물론 어렵지만 13주 이동평균선 아래로 내려간 Ⓑ에서 매도하더라도 충분한 이익을 내고 끝낼 수 있다. 하지만 급상승 도중인 8,000엔이나 10,000엔에 매수한 경우는 신속한 손절매가 필수다. 크게 상승한 주가에서 매수한 경우 적절한 손절매를 하지 못하면, 큰 손실을 떠안고 있는 주식 때문에 투자자 자신이 고통스러워진다. 당연한 얘기지만, 심리적으로 안정되어 있지 않으면 적절한 투자 판단을 내릴 수 없게 된다.

다음으로 〈그림 5-8-B〉를 보자. 주가는 장기간에 걸쳐 점점 하락을 지속하여 2012년 11월에는 2004년 1월의 고가 2,550엔으로부터 10분의 1에도 못 미치는 215.5엔까지 하락했다. 지금 생각하면 주가가 확실히 저렴했으므로 215.5엔이라는 주가는 말하자면 '역버블'이었다. 저평가 상태라는 점을 중시하여 매수 판단을 할 수도 있는 구간이다. 하지만 그동안 월봉차트는 장기간 하락 추세가 지속되고 있었으

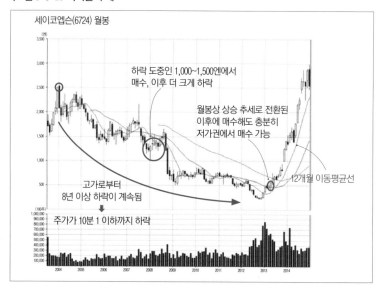

세이코엡슨(6724) 월봉

하락 도중인 1,000~1,500엔에서
매수, 이후 더 크게 하락

월봉상 상승 추세로 전환된
이후에 매수해도 충분히
저가권에서 매수 가능

고가로부터
8년 이상 하락이 계속됨
주가가 10분 1 이하까지 하락

12개월 이동평균선

므로 역추세에서 안이하게 매수하는 것은 리스크가 큰 행동이다.

2014년 11월에 일봉차트와 주봉차트에서 상승 추세로 돌입한 것을 확인한 다음 매수해도 300~350엔이라는 저가권에서 살 수 있다. 월봉 차트에서의 상승 추세 전환을 기다려도 500엔 전후인 장기적 저가권에서 매수할 수 있다.

그런데 만약 크게 바닥을 치기 전인 1,500엔이나 1,000엔 등 어중간한 주가에서 손을 댔다면 그 가격대가 몇 년, 몇십 년이 지나도 돌아오지 않는 경우도 충분히 생각할 수 있다. 이 사례에서는 결국 매수가보다 상승했으므로 다행이지만, 보통은 날마다 하락하는 주가를 들여다보며 한숨 쉬게 되기 십상이다.

IPO주 매수·매도법

IPO주(신규 상장 주식)는 개인 투자자에게 여전히 인기가 있지만 주가 추세 분석으로는 대응할 수 없다. 주가 차트가 존재하지 않거나 지나치게 짧기 때문이다. 신규 상장을 하고 영업일이 25일을 지나지 않으면 25일 이동평균선조차 나타낼 수 없다.

신규 상장 직후 IPO주의 가격 변동을 보면 주가가 심하게 출렁이는 경우가 매우 많다는 것을 알 수 있다. 초기 가격 부근이 천장이 되어 주가가 크게 내려가는 종목도 적지 않다. 물론 초기 가격 부근이 저가가 되고 순조롭게 주가가 상승하는 사례도 있다.

IPO주는 맨 처음 공개 가격에 매수한 투자자와 이전부터 주식을 보유하고 있던 벤처캐피털 등의 매도 진영, 그리고 상장 전에 IPO주를 손에 넣지 못한 투자자 등의 매수 진영이 정면으로 부딪히면서 가격이 형성된다. 더욱이 IPO주는 가격 변동이 심하기 때문에 단기 매매를 하는 투자자가 많이 몰려든다. 이 역시 주가가 요동치는 하나의 요인이 된다.

주가 추세 분석을 사용하지 않는 이상 상장 직후 IPO주의 매수 여부를 결정하기 위해서는 그 종목의 실적 등 펀더멘털을 제대로 분석해야 한다. 그것도 기업이 발표한 실적 예상을 그대로 보는 것이 아니라 스스로 미래의 실적을 예측하고, 그것과 현재의 주가를 비교하여 저렴한 주가인지 판단해야 한다. 개인 투자자에게는 무척 어려운 일이다.

그래도 상장하고 2~3개월 정도 지나면 주가의 움직임도 안정을 찾고 일봉차트와 25일 이동평균선도 그릴 수 있으므로 주가 추세 분석을 할 수 있다. 손해를 보아도 괜찮으니 어떻게 해서든 사고 싶은 IPO 주가 있다면 상관없지만, 상장 후 어느 정도 시간이 흐른 다음에 매매 판단을 하는 것이 큰 실패 없이 매매를 진행하는 방법이다.

만약 25일 이동평균선이 그려지기 전(상장 후 25영업일 이내)에 신규 매수를 한다면 차선책으로 '직전 저가 붕괴를 손절매 가격으로 한다', '25일 이동평균선 대신 5일 이동평균선으로 주가 추세 분석을 한다' 같은 방법으로 불필요한 손실을 늘리지 않도록 신경 써야 한다.

그러면 실제 주가 차트 〈그림 5-9〉를 보자. 이 종목의 주가는 크게 상승하고 있지만 자세히 보면 상장 직후에는 큰 폭으로 하락했다는 것을 알 수 있다. 예를 들어 3월 25일 상장 초기 가격 1,702엔에 매수한 경우, 그때부터 약 2개월 후인 5월 21일에는 990엔까지 40% 이상 하락하는 상황을 겪어야 했다.

상장 직후에는 주가가 어떻게 움직일지 예측하기가 어렵기 때문에 안이한 매수는 손절매를 초래한다. 하지만 25일 이동평균선이 그려진 다음부터는 일반적인 주가 추세 분석을 사용할 수 있으므로 매매 시점을 잡기가 상대적으로 쉬워진다.

이 종목의 경우에도 6월 하순에 주가가 25일 이동평균선을 넘은 1,400엔 근처에서 매수ⓐ하여 9월 25일 명확하게 25일 이동평균선

〈그림 5-9〉 IPO주 사례

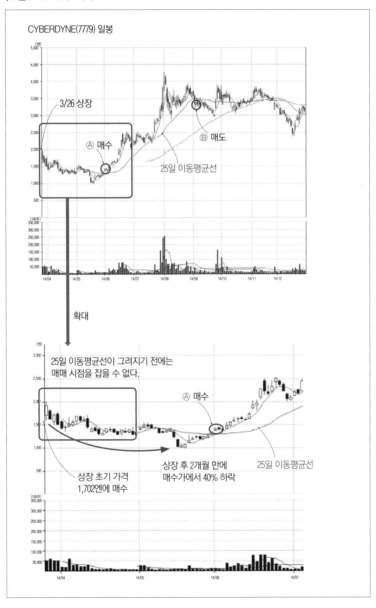

CYBERDYNE(7779) 일봉

3/26 상장

Ⓐ 매수

Ⓑ 매도

25일 이동평균선

확대

25일 이동평균선이 그려지기 전에는
매매 시점을 잡을 수 없다.

Ⓐ 매수

상장 초기 가격
1,702엔에 매수

상장 후 2개월 만에
매수가에서 40% 하락

25일 이동평균선

아래로 내려간 3,300엔 근처에서 매도하면(ⓑ), 단기간에 큰 이익을 얻을 수 있다.

그리고 이 사례에서는 1,702엔의 상장 초기 가격으로 매수한 후 그대로 보유하고 있어도 결국에는 매수가가 상승하지만, 이것은 어디까지나 결과론이다. 매수가에서 40%나 내려가기 전에 한 번 손절매를 했어야 한다. 명확한 손절매 가격을 설정하지 않고 주가가 어떻게 전환될지 모르는 상장 초기가에 매수하는 것은 리스크가 크다. 무턱대고 매수하고 손절매하는 일을 반복하다 보면 갈수록 손실만 커질수 있으므로 주의하자.

추세 전환 직전, 경계선상에 있는 종목

주가 추세 분석에서 가장 고민되는 것이 추세가 전환을 할지 하지 않을지 판단하기 어려운 경계선상에 있을 때다. 이 경우의 대처법을 알아보자.

앞서 설명한 대로 추세 전환이 어느 정도 명확해진 시점에서 매매를 실행한다. 상승 추세에 있는 보유주의 주가가 이동평균선 근처까지 하락해도 명확하게 주가가 이동평균선 아래로 내려와 하락 추세로의 전환이 농후해질 때까지 매도하지 않고 보유를 지속한다. 반대로 투자 후보 종목이 이동평균선 근처까지 내려온 경우에도 명확하게 주가가 이동평균선을 넘어서 상승 추세로의 전환이 농후해질 때까지는 신규 매수를 미룬다.

단, 시세의 전반적인 상황에 따라 이런 행동을 서두르는 일도 생각해둘 필요가 있다. 즉, 추세 전환 직전 경계선상에 있어도 보유주 매도 또는 신규 매수를 진행할 수 있다는 얘기다.

특히 검토가 필요한 것은 강력한 상승이 지속된 주식을 보유하고 있을 때, 주가가 한계점에서 떨어지기 시작하는 경우다. 이때 명확하게 하락 추세에 들어가는 것을 기다리지 않고 보유주의 매도를 서둘러야 할지에 대한 판단 요소로 나는 '주가지수의 추세'와 '내가 주목하는 종목들 중 하락 추세인 종목 수의 추이' 등을 사용한다.

보유 종목이 하락 추세 전환 직전의 경계선상에 있을 경우 닛케이평균이나 TOPIX 같은 주가지수가 명확하게 하락 추세가 되면, 결국 많은 개별 종목도 하락 추세로 전환될 가능성이 크다고 생각하고 보유주 일부를 매도한다. 또한 나는 매일 주가 차트에서 수백 종목을 관심 있게 보는데, 이들 중 하락 추세로 전환되는 종목 수가 매일 증가하는 경우에도 시장 전체가 본격적인 조정 국면에 들어갈 가능성이 크다고 판단하고 경계선상에 있는 종목의 매도를 진행한다.

이런 상황에서는 주가가 경계선상까지 내려오지 않은 종목이더라도 일단 매수가까지 하락한 경우에는 매도하기도 한다. 이익은 얻을 수 없지만 손실을 보지 않기 위해서다. 강세에 매수했더라도 형세가 달라지면 '손실을 늘리지 않는다', '무리하면서까지 보유할 필요는 없다'라고 생각하기 때문이다.

주가가 바닥에서 방향을 틀어 곧 상승 추세로 전환될 것 같지만 아직 미묘한 상태의 종목도 마찬가지 관점으로 판단한다. 닛케이평균주가지수와 TOPIX가 명확하게 상승 추세로 전환되거나, 눈여겨보는 종목 중에 상승 추세로 전환되는 종목 수가 매일 증가할 때는 상승 추세로의 전환이 명확해질 때까지 기다리지 않고 신규 매수를 진행하기도 한다. 주가가 바닥을 치고 반전 상승하는 시기는 개별 종목에 따라 다양하다. 하지만 개별 종목의 집합체인 닛케이평균주가지수와 TOPIX가 상승 추세로 전환되고, 상승 추세로 진입하는 개별 종목이 나날이 증가하는 상황이라면 경계선상의 종목도 조만간 상승 추세로 진입한다고 판단할 수 있다. 그래서 다소 앞서나간다는 것을 알면서도 상승 추세로의 전환이 명확해지기 전 시점에서 신규 매수를 한다.

물론 이 경우, 주가가 거기서부터 반전 하락한다면 손절매는 필수다. 나는 명확하게 주가가 이동평균선 아래로 떨어지는 것을 확인한 단계에서 손절매를 한다. 아니면 손절매할 때 손실이 크지 않다면 직전 저가 붕괴까지 좀더 두고 보기도 한다.

그럼 주가 차트에서 검증해보자. 〈그림 5-10〉을 보자.

Ⓐ에서 주가는 25일 이동평균선 위에 있고 아직 하락 추세로 전환되지 않았다. 하지만 이 시기 주식시장의 상황을 보면 닛케이평균주가지수는 아직 상승 추세지만 하락 추세로 전환되는 종목이 나날이 증가하여 경계를 요하는 국면이었다. 그래서 이 종목도 하락 추세 전

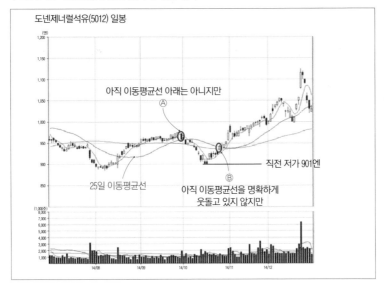

도넨제너럴석유(5012) 일봉

아직 이동평균선 아래는 아니지만
Ⓐ

25일 이동평균선

직전 저가 901엔

Ⓑ

아직 이동평균선을 명확하게
웃돌고 있지 않지만

환을 기다리지 않고 일단 매도했다. 이후 주가가 회복하여, 예를 들면 9월 29일 직전 고가 979엔을 넘어서면 재매수를 하면 된다.

그리고 Ⓑ에서는 주가가 25일 이동평균선 위로 머리를 조금 내민 상태이므로 상승 추세로 전환됐다고 말할 수 없다. 하지만 10월 중순에 저가를 찍은 이후 시장 전체가 반등하고 상승 추세로 전환되는 종목이 나날이 증가하는 상황이었다. 그래서 상승 추세 전환을 기다리지 않고 Ⓑ의 다음 날 신규 매수를 했다. 이 경우 주가가 명확하게 25일 이동평균선 아래에 있는 상태가 되거나, 10월 16일 직전 저가 901엔 아래로 떨어지면 손절매한다.

일단 천장을 찍은 후에는 바닥까지 내려간다

여기까지 증자와 IPO 등 특수한 사례에 대한 대응법을 살펴봤다. 이제 주가의 습성을 활용한 방법에 대해 이야기하려고 한다.

주가의 습성 중 하나로 '일단 천장을 친 다음에는 바닥까지 떨어진다'라는 것이 있다. 이 습성을 염두에 둔다면 어떤 매매전략을 구사할 수 있을까?

일본의 경우를 보면 1980년대 후반 버블, 2000년대 IT 버블, 2005년 신흥 시장 주식 버블 등등 버블이 반복적으로 일어났다. 버블 때는 주가가 지나치게 상승하는 것을 여기저기에서 볼 수 있다.

주가가 어디까지 상승해야 천장을 찍을 것인가는 시간이 지나지 않으면 알 수 없다. 하지만 급속한 속도로 10배 이상 상승한 후에 하락으로 전환된다면 천장을 의심하는 편이 좋지 않을까? 실적의 뒷받침 없이 수요와 기대감만으로 크게 상승한 종목은 특히 주의가 필요하다. 물론 상승폭이 30배, 50배, 100배로 커질수록 천장의 가능성은 커진다.

〈그림 5-11〉을 보자. 일단 높게 천장을 찍은 주가는 급속도로 하락하여 마치 뾰족한 산 같은 형태의 주가 차트를 그리는 경우가 많다.

〈그림 5-11〉은 IT 버블을 대표하는 종목으로 주가가 100배 가까이 상승하여 천장을 찍은 다음 고가의 269분의 1까지 하락했다. 급등, 급락의 시기가 너무나도 짧아서 차트의 형태가 마치 바늘처럼 보일 정

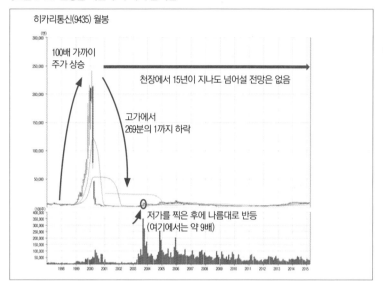

〈그림 5-11〉 천장을 찍은 후 주가의 움직임

도다. 고가를 기준으로 볼 때 주가가 크게 하락했다고 해서 주가가 하락하는 도중에 안이하게 매수해서는 안 된다.

1989년 버블 붕괴 후 일본 주식시장이 실제로 그런 양상을 보였다. 그런데 버블의 고가를 찍고 주가가 하락을 지속하는 중 많은 사람이 하락 추세인 종목을 '주가가 꽤 내려갔다. 사는 게 득이다'라며 추가 매수를 계속했다. 그 결과 가격이 오를 때까지 기다려야 하는 주식을 산처럼 쌓아 꼼짝할 수 없게 됐다. 그와 같은 전철을 밟지 않도록 조심해야 한다.

한번 크게 천장을 형성하면 10년은 뛰어넘을 수 없다

앞서 설명한 것처럼 급속도로 크게 상승한 주식이 높은 천장을 찍으면 주가는 급락하는 것이 일반적이다. 그렇다면 천장을 찍은 주가가 급락하여 바닥을 친 다음에는 어떻게 움직일까?

주가 상승이 저가에서 2~3배 정도이고 상승 속도도 그다지 빠르지 않다면 고가를 찍어도 천장이 되지 않고 비교적 단기간에 그 고가를 넘을 수 있다. 매도 수요가 정리되는 데 그렇게 많은 시간이 걸리지 않기 때문이다.

하지만 일단 주가가 천장을 찍으면 고점에서 물린 투자자들이 대거 남겨진다. 이때 그들의 심정을 생각해보자. 그들은 '내가 매수한 가격대까지 회복되면 팔고 싶다', '매수가에 파는 것이 무리라면 지금보다 조금이라도 손실이 적은 상태에서 팔고 싶다'라고 생각할 것이다. 그래서 주가가 조금만 상승해도 이들의 매도 압력에 눌려 다시 하락하고 만다.

이런 일이 오랜 시간에 걸쳐 일어나 매도하고 싶어 하는 투자자가 충분히 적어진 시점이 되어야 다음 상승 추세가 찾아오는 것이다. 한번 천장을 찍으면 그 주가를 다시 넘는 데 적어도 10년은 걸린다고 생각하자. 자칫하면 50년, 100년이 걸려도 넘지 못할 수 있다. 〈그림 5-11〉을 보면, 천장에서 15년이 지났지만 천장을 넘어설 전망은 전혀 보이지 않음을 알 수 있다.

종목을 선택할 때, 예를 들어 주가가 천장을 찍고 1~2년밖에 지나지 않은 종목보다는 25년 전 버블에서 천장을 찍은 이후 큰 상승이 없었던 종목이 더 유리하다고 할 수 있다. 수요 면에서 볼 때 주가 상승을 기대할 수 있기 때문이다.

반등을 노린다고 확고하게 결론지었다면 천장을 찍은 종목을 후보로 둘 수도 있다. 천장 주가에서 30분의 1이나 50분의 1이라는 수준까지 하락하면 자연스럽게 '반등'이 일어난다. 높은 곳에서 공을 떨어뜨리면 바닥에 닿는 순간 조금 튕겨 오르는 것과 같은 원리다. 만약 천장에서 100분의 1까지 하락한 종목이라면 저가에서 5~10배 정도의 반등은 충분히 기대할 수 있다.

〈그림 5-11〉의 사례에서도 고가에서 269분의 1까지 하락한 후 반등하여 약 1년 만에 저가에서 9배까지 상승했다. 단, 이것은 어디까지나 저가를 찍었기 때문에 일어난 반등임을 명심하자. 예를 들어 저가를 찍기 전 하락 추세 도중에 20,000엔이나 30,000엔에서 매수했다면 어떻게 됐을까? 훗날 반등하더라도 도저히 매수가까지 회복되지 않는다. 반등을 노린다면 반드시 상승 추세에서 매수해야 하며, 손절매를 확실히 해야 한다.

또한 보기 드문 천장이라고 생각되는 주가를 찍은 다음, 몇 년 만에 그 고가를 넘어서는 사례도 있다. 이런 일은 해당 종목의 실적이 매우 좋고, 주가 상승이 버블이 아니라 실적을 바탕으로 한 경우 또는 주가에 큰 영향을 미치는 호재(획기적인 신제품 개발이나 놀랄 만큼의 실적 개선 등)

가 있는 경우에 한한다.

〈그림 5-12〉를 보자. 2012년에 들어서서 주가가 급상승하기 시작해 반년도 지나지 않아 25배나 상승했다. 그로부터 4개월 만에 주가가 4분의 1까지 하락하여 앞으로 천장을 넘는 일은 없을 거라고 생각했지만, 불과 2년 뒤인 2014년 후반에 고가를 다시 넘어섰다.

물론 이는 특이한 사례다. 모든 종목이 항상 이런 사례처럼 된다고 믿고 천장을 찍은 종목을 어중간하게 매수했다가는 큰코다치므로 주의해야 한다.

〈그림 5-12〉 겨우 2년 만에 천장 돌파

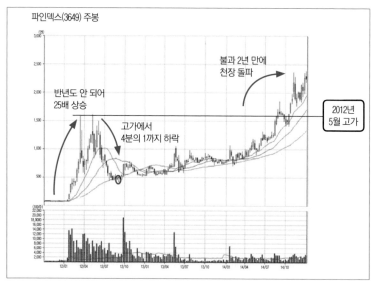

기대심리만으로 급등한 주가는 크게 떨어진다

주가는 매도자와 매수자의 수요에 따라 변동한다. 따라서 종종 실적과 관계없이 어떤 예측이나 기대에 의해 크게 움직이기도 한다. 2014년 10월 에볼라 바이러스가 계속 확산되던 때, 이 바이러스의 전염이 확산될 경우 이익을 볼 것으로 예상되는 종목이 속속 급상승했다. 예를 들면 〈그림 5-13〉의 아제아스라는 종목은 방호복 전문 기업이다. 에볼라 바이러스가 일본 국내에도 퍼진다면 방호복 수요가 급증할 것이라는 예측으로 주가가 2주 만에 4배나 급등했다.

하지만 이런 경우는 기대만으로 주가가 상승한 것이므로 마치 사

〈그림 5-13〉 기대만으로 급등하면 하락도 빠르다

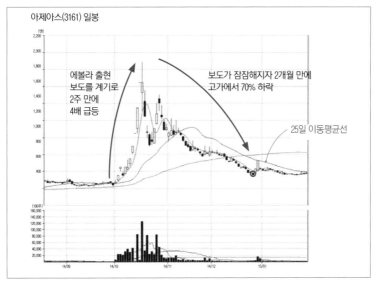

상누각처럼 간단히 무너져버린다. 실제로 에볼라 바이러스에 관한 뉴스가 잠잠해지자 주가는 순식간에 내려가 2개월 뒤에는 고가의 70% 아래로 하락하여 급등 전과 마찬가지 수준으로 되돌아왔다.

또한 기대만으로 주가가 급상승한 종목은 시장이 전반적으로 약세가 되면 순식간에 무너져버리는 경향이 있다. 주가 상승의 근거가 희박하기 때문에 적극적인 매수가 없고 대량의 매도 물량이 경쟁적으로 쏟아져 나오기 때문이다. 하지만 좋은 실적을 보이는 종목은 주가가 하락하면 주가가 싸지길 기다리고 있던 투자자들의 매수세가 유입되기 때문에 그렇게 크게 내려가지 않는다.

기대만으로 주가가 상승한 종목은 매도 시기가 겨우 하루만 차이가 나도 이익이 크게 감소한다. 심지어 이익이 손실로 바뀌는 일도 있다. 상황을 빠르게 판단하고 유연하게 매매할 자신이 없는 사람은 이런 종목보다 좋은 실적에 기반을 두고 상승하는 종목에 투자하는 편이 안전하다.

한편, 기대에도 여러 가지가 있다. 예를 들어 획기적인 신약 개발을 기대하고 바이오벤처 회사의 주식에 투자할 수도 있고, 획기적인 신제품이나 신기술을 발표한 기업의 주식에 투자할 수도 있다. 이런 주식은 실제로 획기적인 신약이나 신제품, 신기술을 개발해낸다면 주가가 크게 움직일 가능성이 있다. 그런 성과가 있다는 발표가 나면 지금까지의 추세와 상관없이 주가가 급상승을 시작한다. 매수 주문이 쇄도하기에 발표가 나온 다음에는 매수조차 할 수 없을지도 모른다.

이런 주식으로 꿈을 좇는 경우에는 주가 추세 분석에 의한 매매 원칙은 모두 무시하고 주가가 얼마든지 하락해도 좋다고 생각하는 범위 내에서 보유를 지속하는 수밖에 없다. 아니면 '이것만은 어떤 일이 있어도 보유를 지속한다' 식으로 수량을 결정해두고, 이를 초과하는 수량에 대해서만 주가 추세 분석을 이용하여 매매하는 방법도 생각할 수 있다.

6장

인기 종목 진단

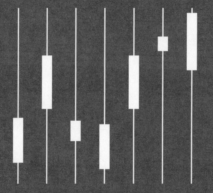

이 장에서는 개인 투자자에게 인기 있는 종목의 매매 시점에 대해 이야기하려고 한다. 더 구체적으로 말하자면, 내가 사용하는 매매 방법을 소개한다는 얘기다. 지금까지 설명한 주가 추세 분석에 각 종목과 그 종목이 속해 있는 업계의 특징, 성격 등도 포함하여 유효한 전략을 소개한다.

소프트뱅크그룹

닛케이평균주가지수를 구성하는 종목이며 기여율(종목의 주가 변동이 닛케이평균주가지수에 끼치는 영향력의 정도)이 몹시 높은 것이 특징이다. 그래서 실적 등 펀더멘털뿐만 아니라 선물 매매의 동향 등 수급 측면도 주가 변동의 원인이 된다. 그런 의미에서 다른 종목보다 주가 추세 분석의 유효도가 높다고 할 수 있다.

우선 일봉차트를 보자. 2014년 7월 중에는 명확하게 추세가 생기지 않고 25일 이동평균선을 위아래로 오락가락하고 있다. 이처럼 추세가 확실하지 않을 때는 주가 추세 분석에 따른 매매가 잘 되지 않는다.

어설픈 행동은 '매수 → 손절매 → 매수 → 손절매'를 반복하게 할 뿐이다. 예를 들면 주가 추세 분석의 조건에 '직전 고가 돌파'를 더하는 등 원칙을 깐깐하게 세워 불필요한 매매의 반복을 피할 필요가 있다.

8월 들어서 주가가 하락한 다음 8월 중순 이후 반등하여 8월 하순에는 25일 이동평균선을 돌파했으므로 ①에서 신규 매수를 한다. 그다음 순조롭게 상승하다가 9월 하순에 다시 하락하여 25일 이동평균선 아래로 떨어지므로 ②에서 매도한다. 상승 추세의 시기가 그렇게 길지 않고 고가에서의 하락 속도가 빨랐기 때문에 이익이 약간 나는 정도다.

그리고 10월 말에 다시 상승하여 25일 이동평균선을 돌파한 ③에

〈그림 6-1-A〉 소프트뱅크그룹 일봉차트

서 다시 매수하고, 이후 25일 이동평균선 아래로 떨어진 ④에서 매도한다. 이처럼 2014년 후반에는 추세가 길게 이어지지 않았으므로 이 종목으로는 이익을 얻기 어려웠다고 할 수 있다.

정확하게 말하자면 ①에서는 25일 이동평균선이 하향, ②에서는 이동평균선이 상향이므로 각각 횡보~상향으로 전환된 시점(①'), 횡보~하향으로 전환된 시점(②')까지 기다린 다음에 매수 또는 매도를 해야 한다. 어떤 쪽을 선택할지는 스스로 판단해야겠지만 매수 시기와 매도 시기가 조금 늦기 때문에 ①과 ②에서 매매하는 것보다 이익이 줄어들 수 있다. 그 대신 손실 역시 적어진다. 참고로, 나는 ①과 ②에서 매매하는 경우가 많다.

〈그림 6-1-B〉 소프트뱅크그룹 주봉차트

다음은 주봉차트. 1월 하순에 13주 이동평균선을 넘어 명확하게 상승 추세가 되기 때문에 ⑤에서 신규 매수를 한다. 또는 전년도 말 근처에 이미 상승 추세가 됐기 때문에 그 시점인 ⑤′에서의 매수도 괜찮다. 이후 장기간에 걸친 상승 추세가 지속되어 주가와 이동평균선 간 이격도 크지 않기 때문에 그대로 보유한다. 그리고 다음 해 1월 하순에 주가가 13주 이동평균선 아래로 떨어지는 시점인 ⑥에서 매도한다. 이렇게 하면 매수가의 2배 이상에서 매도할 수 있게 된다.

이후에는 추세가 명확하게 발생하지 않고 횡보 상태다. 주가 추세 분석에서는 이익을 얻기 힘든 상황이 계속된다.

도요타자동차

일본을 대표하는 글로벌 기업이다. 2015년 3월 분기에는 연결매출액이 27조 엔, 연결영업이익이 2조 7,000억 엔을 넘는 등 최근 몇 년간 실적이 급속도로 늘어나고 있다.

우선 일봉차트를 살펴보자. 2014년 상반기에는 하락 추세가 지속되고 있지만 5월 하순에 상승 추세로 전환된 다음 그로부터 2개월 정도 상승을 지속했다. 다만 상승률이 낮았기 때문에 이익은 거의 발생하지 않았다. 이후 9월 상순부터 1개월 정도 상승 추세가 지속되고 10월 중순에 약간 크게 조정을 받은 다음 10월 말에 다시 상승 추세로 전환됐다.

　구체적으로는 ①에서 매수하여 ②에서 매도하고, ③에서 매수하여 ④에서 매도하고, ⑤에서 매수하여 ⑥에서 매도하는 형태가 된다. 2014년 중반부터 말에 걸쳐 주가가 50% 이상 상승했지만 추세가 장기간 지속되지 않았기 때문에 주가가 반년 동안 50% 상승했는데도 그다지 이익을 보기 힘들다는 인상이다.

　다음은 주봉차트를 보자. 2012년 11월 말에 상승 추세로 전환된 다음 추세가 장기간 지속되다가 주가가 명확하게 13주 이동평균선 아래로 떨어진 시점이 2014년 1월이다. 2012년 11월 말부터 12월 초까지 ⑦에서 3,500엔 전후에 매수, 2014년 1월에 ⑧에서 6,000엔 전후에 매

〈그림 6-2-A〉 도요타자동차 일봉차트

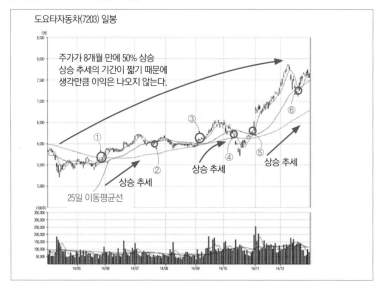

도한다면 70% 정도의 이익을 올릴 수 있다.

2014년 중순 이후 몇 번 상승 추세가 됐지만 지속 기간이 짧았기 때문에 이익은 거의 없다. 11월에 상승 추세가 된 다음부터는 명확하게 추세가 지속되고 있다. 언제까지 지속될지가 주목할 사항이다.

기업 규모가 이 정도로 커지면 주가 변동도 꽤 잔잔해진다. 가격 변동 리스크가 크지 않기를 바라는 투자자에게 어울리는 종목이다. 보다 큰 이익을 노린다면 이미 국제 우량주로 평가받고 있는 도요타자동차 같은 종목보다는 기업 규모가 작거나 실적이 크게 변동하는 종목을 찾는 것이 좋다.

⟨그림 6-2-B⟩ 도요타자동차 주봉차트

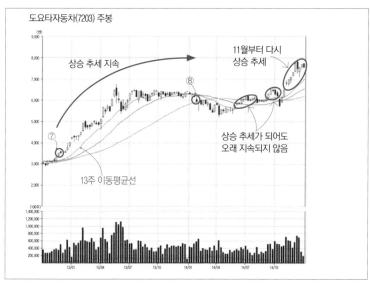

미즈호파이낸셜그룹

일본 3대 금융 대기업 중 하나다. 매매단위가 100주이고 최저 투자금액이 2만 엔대로 적기 때문에 개인 투자자에게 인기 있는 종목이다.

우선 일봉차트부터 살펴보자. 2014년 1년간 약세를 보이며 시세 변동이 거의 없는 상태로, 주가 추세 분석을 이용해 매매를 해도 '전혀'라고 할 만큼 이익이 없는 상태가 계속됐다. 굳이 찾아본다면 ①에서 매수하여 ②에서 매도, ③에서 매수하여 ④에서 매도, ⑤에서 매수하여 ⑥에서 매도하는 방식이 될 것이다. ①에서 매수하여 ②에서 매도는 가격대가 거의 비슷하여 손익이 없고, ③에서 매수하여 ④에서 매도

〈그림 6-3-A〉 미즈호파이낸셜그룹 일봉차트

는 약간 손실이 될 것이며, ⑤에서 매수하여 ⑥에서 매도는 약간 이익을 볼 수 있다.

종합해보면 플러스마이너스 제로라고 할 수 있다. 여기서도 확인할 수 있듯이 명확한 상승 추세가 발생하지 않으면 주가 추세 분석으로는 큰 손실도 나지 않고 이익으로 연결하기도 어렵다.

다음으로 주봉차트를 보자. 2012년 12월에 상승 추세로 전환된 후 아베노믹스에 힘입어 크게 상승했다. 2012년 12월에 ⑦에서 135엔 전후에 매수하여 주가가 13주 이동평균선 아래로 명확하게 떨어진 2013년 5월 말에 ⑧의 200엔 전후에서 매도하면 반면 동안 약 50%의 이익을 낼 수 있다.

〈그림 6-3-B〉 미즈호파이낸셜그룹 주봉차트

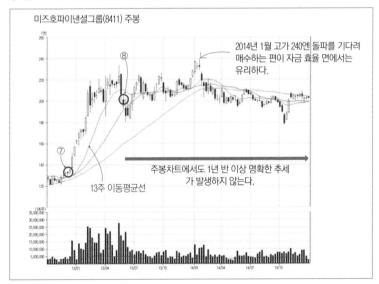

하지만 그 이후에는 거의 횡보 구간이어서 주가 추세 분석을 사용해도 '매수 → 손절매'를 반복할 뿐 이익을 얻지 못하는 상태가 계속되고 있다. 시험 매수는 상승 추세로 전환될 때 해도 문제는 없지만 적극적인 매수는 2014년 1월의 고가 240엔을 명확하게 넘어서는 것을 기다려서 실행하는 것이 자금 효율 면에서는 좋을 듯하다.

은행권, 증권회사, 부동산 종목이나 신흥 시장 종목 등 2013년 전반에 주가가 크게 상승한 종목 중에는 2013년 전반에 찍은 고가를 1년 반이 지난 2014년 말까지 넘지 못한 경우가 많았다. 그동안 닛케이평균주가지수는 10% 정도 상승했음에도 말이다. 이전부터 후보군으로 두고 있는 종목만 계속 고집한다면, 닛케이평균주가지수가 상승해도 전혀 이익을 낼 수 없는 상황이 될 수 있다는 점도 충분히 고려해야 한다.

기본적으로 고가를 계속 경신하는 강세 종목을 선택하는 것이 좋은 방법이다. 2013년 상반기에 고가를 기록한 종목이라면 대부분 종목이 상승한 다음에 매수하는 것이 좋다고 생각한다.

믹시

원래 SNS로 급성장했으나 페이스북이 등장하면서 실적이 급속히 악화돼 주가가 크게 하락했다. 그러던 중 스마트폰에서 활로를 찾아 '몬

스터 스트라이크'를 크게 성공시켜 기사회생했다. 2014년에 주가가 크게 상승한 종목 중 하나이며 개인 투자자에게 꾸준히 인기가 있다.

우선 일봉차트를 보자. 2013년 12월에 급등한 이후 반년 정도 횡보하고 있다. 그 구간을 자세히 보면 고가에서 하락하여 저가에서 상승하는 삼각형 보합 패턴이 됐음을 알 수 있다.

이 삼각형 추세가 상승에 제동을 걸고 있었는데 5월 중순이 되자 주가가 25일 이동평균선을 상향 돌파했다. 이 지점 ①에서 1,500엔 전후에 매수할 수 있다면 9월 상순에 주가가 명확하게 25일 이동평균선 아래로 내려간 ②에서 5,200엔 전후에 매도할 수 있다. 근 반년 만에 3배 이상의 가격으로 매도한다면 크게 성공했다고 할 수 있다.

〈그림 6-4-A〉 믹시 일봉차트

물론 ①에서 ②에 이르기까지 주가가 상승 추세였으니 언제 매수해도 괜찮지만, 가능한 한 이동평균선에 접근할 때, 일테면 Ⓐ 시점에 매수하는 것이 이상적이다. 여기서 매수하면 손절매를 해야 하는 상황이 발생해도 손실을 최소화할 수 있기 때문이다.

다음은 주봉차트를 보자. 2013년 11월 하순에 상승 추세로 전환하여 2014년 3월 하순에 추세가 마무리된 것을 볼 수 있다. 2013년 11월 하순에 ③에서 매수하여 2014년 3월 하순에 ④에서 매도했다면 매수가의 2배에 매도할 수 있었다. 그리고 2014년 5월 중순 다시 상승 추세로 전환된 ⑤에서 1,500엔 전후에 매수하여 11월 하순 13주 이동평균선이 붕괴되는 ⑥에서 5,200엔 전후로 매도했다면 매수가의 3배 이

〈그림 6-4-B〉 믹시 주봉차트

상으로 매도할 수 있었다.

믹시는 기업 규모가 크기 때문에 그나마 이 정도로 안정된 모습을 보였다고 할 수 있다. 이들 성장주는 한번 발동이 걸리면 상승 속도가 빠른 만큼 하락 속도도 그 못지않게 빠르기 때문에 자칫 대응에 실패하기 쉽다. 따라서 적절한 손절매가 매우 중요하다. 특히 주가와 이동평균선 간 이격이 크게 확대된 지점, 예를 들어 ⑧나 ⓒ에서 매수한 경우 상승이 꺾였을 때 이동평균선을 기준으로 손절매한다면 손실이 커지므로 신중을 기해야 한다.

소니

예전에는 일본을 대표하는 국제 우량주로 선전하기도 했지만 최근에는 큰 폭의 적자가 계속되고 있다. 하지만 과거의 영광을 기억하고 있는 투자자도 많아 소니의 부활을 믿는 개인 투자자에게 꾸준한 인기를 얻고 있다.

일봉차트를 보자. 2014년 6월 하순부터 상승 추세로 전환되어 9월 중순까지 계속됐다. 9월 중순에 실적의 하향 수정이 발표되고 주가가 급락하면서 상승 추세도 일단 종료됐다. 그래도 상승 추세 전환 후 얼마 되지 않은 ① 시점에서 매수한다면 주가 급락 후 ②에서 매도해도 충분히 이익을 낼 수 있다. 이처럼 상승 추세로 전환된 직후에 매수하

〈그림 6-5-A〉 소니 일봉차트

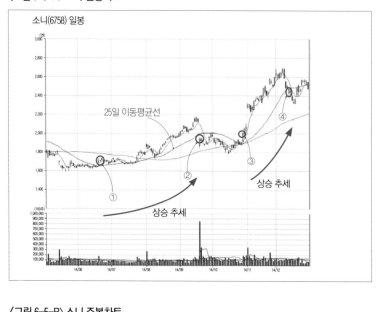

〈그림 6-5-B〉 소니 주봉차트

면 안전성이 높다.

　10월 말에 ③에서 다시 상승 추세로 전환됐다. 그동안 주가 상승 속도가 빨랐기 때문에 12월 중순에 ④의 25일 이동평균선 붕괴에서 매도한다고 해도 20% 정도 이익을 얻을 수 있었다.

　다음은 주봉차트다. 다른 종목과 마찬가지로 아베노믹스에 힘입어 2013년 전반에 주가가 크게 상승했다. 상승 추세로 돌입한 직후 ⑤에서 950엔 전후에 매수하여 주가가 13주 이동평균선 아래로 확실하게 떨어진 8월 중순 ⑥에서 1,900엔 전후에 매도하면 거의 100%의 이익을 낼 수 있다.

　이후 약세 변동이 계속되지만 2014년 7월 하순 상승 추세로 돌입한 ⑦에서 신규 매수하여 10월 중순에 하락한 ⑧에서 매도하고, 11월 초순 다시 상승 추세로 회복된 ⑨에서 재매수하면 된다. 이후 상승 추세가 오랫동안 지속됐다.

강호온라인엔터테인먼트

2013년 전반 아베노믹스를 대표하는 종목이다. 2012년 후반에 스마트폰 게임 '퍼즐 & 드래곤즈'의 인기로 주가가 상승을 시작하여 2013년 5월에 고가를 찍기까지 상승률이 100배에 달하는 대시세를 줬던 종목이다. 앞서 믹시의 주가가 스마트폰 게임의 인기로 급상승했다고 말했지만 강호 주식은 믹시보다 앞서 주가가 폭등한, 스마트폰 게임 주식의 선두주자였다.

그럼 일봉차트를 보자. 2013년 5월에 1,633엔의 고가를 찍고 나서 주가는 조정 국면이 계속되고 있다. 때때로 갑자기 생각난 것처럼 단기간에 급등하지만 바로 원래의 주가로 돌아간다. 2014년 1년 동안 주가 추세 분석으로 유일하게 이익을 얻을 수 있었던 구간은 5월 하순부터 1개월 미안의 상승 때뿐이었다. ①에서 570엔 전후에 매수하여 ②에서 670엔 전후에 매도하면 20% 미만의 이익을 얻을 수 있었다. 전성기의 주가 급등과 비교하면 상당히 아쉬운 수준이다.

다음 주봉차트를 보자. 주가가 상승을 시작한 것은 2012년 8월부터

〈그림 6-6-A〉 강호온라인엔터테인먼트 일봉차트

다. 8월 하순부터 9월 상순까지는 이동평균선에서 그다지 멀리 떨어지지 않은 ③의 25엔 근처에서 신규 매수가 가능했다. 그다음 13주 이동평균선을 밑도는 일 없이 주가는 급등을 계속한다. 주가가 명확하게 13주 이동평균선 아래로 내려온 2013년 7월 즈음 ④에서 1,000엔 전후에 매도한다고 해도 매수가의 40배가 된다.

실제로는 상승 추세로 돌입한 초기에 매수하여 여기까지 보유를 지속한 사람은 거의 없을 것이다. 나 역시 재매수를 하는 한이 있어도 도중에 확실하게 수익을 실현해야 한다고 생각한다. 주가가 단기간에 50배, 100배가 되는 것은 기적에 가까운 경우이며 일반적으로는 10배, 잘해야 20배일 것이다. 그러므로 주가가 단기간에 5배, 10배가

〈그림 6-6-B〉 강호온라인엔터테인먼트 주봉차트

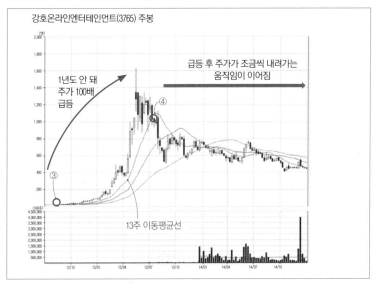

된다면 상승 추세 도중일지라도 조금씩 매도하여 이익을 확보해야 한다. 상승 추세가 종료될 때까지 보유를 지속하는 것은 애초 매수한 수량의 5분의 1 정도가 적당하다.

이 종목은 단기간에 주가가 100배까지 상승했으므로 이미 천장을 찍었다고 생각하는 것이 타당하다. 지금의 주가 수준에서 천장 수준까지 상승한다고 해도 매수가의 4배 정도에 불과하다.

주가 수준이 아직 낮아 계기만 있으면 10배, 20배 뛸 종목은 이 외에도 많다. 이미 천장을 찍었을 가능성이 큰 종목을 계속 고집할 것이 아니라 '미래의 강호'를 적극적으로 찾아보는 것이 수익을 내는 데 더 도움이 되리라 생각한다.

오리엔탈랜드

연간 입장객 수 3,000만 명을 자랑하는 도쿄디즈니리조트의 운영 주체다. 적극적인 설비 투자를 비롯한 각종 정책으로 단골 확보에도 성공하여 이익 성장이 계속되고 있다.

그럼 일봉차트를 살펴보자. 2014년 전반은 거의 횡보가 이어져 명확한 추세는 발생하지 않았다. 5월 하순에 ①에서 상승 추세로 들어가면서부터 확실하게 상승 추세가 지속된다. ①에서 신규 매수하여 9월 중순과 10월 중순에 주가가 25일 이동평균선 아래로 떨어질 때 매도(②와 ④)하고, 다시 주가가 이동평균선을 상향 돌파할 때 재매수 (③과 ⑤)하더라도 재매수에 의한 손실 위험은 그다지 크지 않다.

연말 시점에도 순조롭게 상승을 지속하고 있다. 연말 시점의 25일 이동평균선은 6,700엔 전후이므로 5월 하순에 4,000엔 정도에서 매수하여 이후 이동평균선이 붕괴된 6,500엔 전후에 매도해도 60% 이상의 이익을 낼 수 있다.

다음은 주봉차트. 이 종목은 아베노믹스가 시작되기 전 2012년 7월에 이미 상승 추세로 전환됐다. ⑥에서 2,250엔 전후에 매수하여 2013년 5월 하순에 주가가 13주 이동평균선 아래로 명확하게 내려온 ⑦에서 3,500엔 전후에 매도하면 55% 정도의 이익을 얻을 수 있다. 또

〈그림 6-7-A〉 오리엔탈랜드 일봉차트

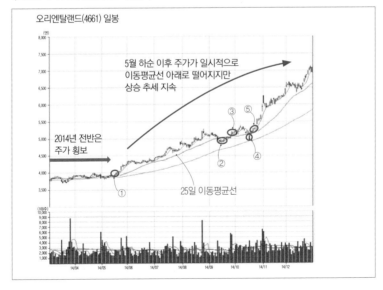

한 2014년 5월 하순 즈음 다시 명확한 상승 추세 전환이 된 시점 ⑧에서 4,000엔 전후에 신규 매수를 한다면 이후 상승 추세가 지속되고 있으므로 연말 시점에 매수가의 약 75%까지 이익을 얻을 수 있는 상황이다.

그런데 이 종목의 매매단위는 100주이고 2014년 말의 주가 수준(주식분할을 고려하지 않고)으로 계산하면 최저 투자금액이 250만 엔 정도다. 오리엔탈랜드 주식은 개인 투자자에게 인기가 있지만 이렇게 최저 투자금액이 높으면 간단하게는 투자할 수 없는 개인 투자자도 많을 것이다.

하지만 주가 형성 면에서 보자면 최저 투자금액이 높다는 것이 장

〈그림 6-7-B〉 오리엔탈랜드 주봉차트

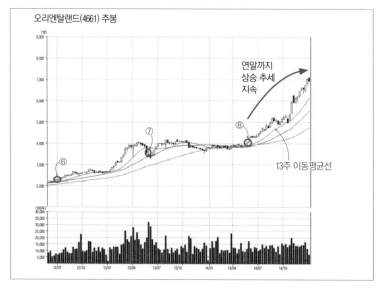

점이 된다. 최저 투자금액이 높으면 개인 투자자들보다는 외국인 투자자와 기관 투자자가 매매의 주체가 된다. 그러면 단기 매매를 선호하는 개인 투자자에 의해 주가가 단기간에 오락가락하는 사태가 일어나기 어려워지며 기업 실적과 기업 성장성, 장래성이 반영된 깔끔한 형태의 주가 차트가 될 수 있다. 단기간의 주가 등락을 피하고 싶다면 단기 매매를 선호하는 개인 투자자가 손대기 어려운 오리엔탈 같은 종목을 선택하는 것이 좋다.

그런데 오리엔탈랜드 주식은 2014년 3월에 1주를 4주로 하는 주식분할을 실시한 결과, 최저 투자금액이 크게 하락했다. 주가가 2015년 3월 정점을 찍고 하락으로 전환된 것은 주식분할로 매수가 쉬워져 개인 투자자의 매수 수요가 강해진 결과라고 생각된다. 물론 다른 한편에서는 기존 주주의 매도 압력도 작용했을 것이다.

일본마이크로닉스

2014년 전반에 크게 화제를 모았던 종목 중 하나다.

주가가 급등한 계기는 2013년 10월 하순에 '양자전지'라는 획기적인 전지의 개발을 했다고 회사가 발표한 것이다. 이후 양자전지의 장래성을 기대하는 장기적인 자금뿐만 아니라 단기 매매를 선호하는 개인 투자자와 외국인 투자자까지 참여하는 '전원참가형' 종목이 됐다. 주가 급등이 오래가지 않자 외국계 자본 측에서 공매도를 했는데, 세찬 파도 같은 개인 투자자의 매수세에 완패하여 공매도분을 환매하느라 주가가 더욱 급상승하는 움직임이 있었다.

먼저 일봉차트부터 보자. 양자전지라는 주가 요소는 일단 제쳐두고 순수하게 주가 추세 분석이라는 관점에서 보자. 주가가 상승 추세로 전환된 후 2013년 11월 ①에서 700~800엔 전후에 신규 매수가 충분히 가능하다. 이후 급등을 이어가다가 2월 상순에 주가가 잠시 25일 이동평균선 아래로 떨어진다. 이 ②의 시점에서 5,000엔 전후에 매도해도 매수가의 6~7배가 되기 때문에 대성공이다.

이 시점에도 주봉차트에서는 상승 추세가 지속되고 있었고, 직전

〈그림 6-8-A〉 일본마이크로닉스 일봉차트

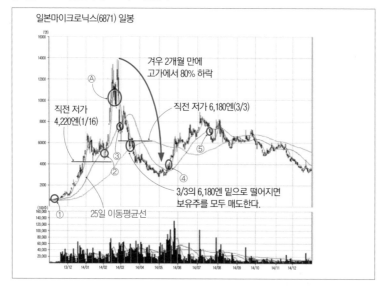

저가인 1월 15일의 4,220엔이 붕괴되지 않았다. 이를 근거로 매도하지 않고 보유를 지속한 경우 또는 5,000엔 전후에 매도한 후 주가가 다시 이동평균선을 상향 돌파할 때 재매수하는 경우에는 주가가 다시 25일 이동평균선으로 내려간 ③에서 7,000엔 전후에 매도한다. 그리고 3월 3일의 6,180엔의 저가를 기록한 후 반등하여 다시 6,180엔 아래로 내려갈 때는 보유주를 전량 매도해야 한다.

그리고 2월 25일 최고가 13,870엔으로 올라가는 과정에서 주가가 이동평균선을 강한 힘으로 상향 돌파하여 이격이 커졌다는 점과 20배 가까이 상승했다는 점을 고려하여 이동평균선 붕괴를 기다리지 않고 보유주 일부를 매도하는 것이 좋다고 생각한다.

2월 25일의 고가에서 단 1주일 만에 주가가 60% 하락했지만 이런 상태일 때는 고가에서의 매도 시기를 놓치기 쉽다. 정말 '앗!' 하는 순간에 주가가 말도 안 되는 속도로 하락한다. 실제로 경험해본 사람은 알겠지만, 너무 급속도로 하락하는 주가를 눈으로 보고 있으면 사고회로가 완전히 정지된다고 느껴질 정도다. Ⓐ에서 10,000엔 전후에 매수한 경우 일주일 만에 고가에서 60%나 하락했다면 머릿속이 새하얘질 것이다.

주가가 이동평균선 아래로 내려갔다면 아무리 급락 상황이라 해도 침착하게 손절매를 해야 한다. 직전 저가 6,180엔 아래로 떨어진 후에도 하락을 지속하여 5월 1일 저가 2,787엔까지, 겨우 2개월 만에 고가에서 80%나 하락했다. 주가가 일단 천장을 찍은 후에 나타나는 하락은 정말 무자비하고 가차 없다는 사실을 잘 알아두자.

두 달 만에 80%의 급락을 보여준 다음 반등 시세가 발생했다. 5월 중순에 상승 추세로 복귀한 ④에서 매수하여 7월 하순에 주가가 명확하게 25일 이동평균선 아래로 내려간 시점 ⑤에서 매도한다면 매수가의 2배 가까이에서 매도하게 된다. 이후에도 또렷한 변동이 계속되고 있다.

다음은 주봉차트를 보자. 일봉차트와 마찬가지로 여러 매매 시점을 찾을 수 있다. 2013년 11월 상순에 ⑥에서 800엔 전후에 신규 매수를 하여 2014년 3월 중순 주가가 13주 이동평균선 아래로 떨어진 ⑦에서 6,000엔 전후에 매도를 하게 된다. 또 2014년 5월 하순에 ⑧에서

〈그림 6-8-B〉 일본마이크로닉스 주봉차트

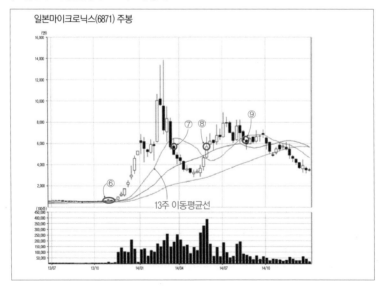

5,000엔 전후에 매수하여 8월 하순에 ⑨에서 6,000엔 전후에 매도를 하게 된다. 반등 시기에는 주가 상승의 속도가 빨라진다. 따라서 주봉을 기준으로 하면 일봉차트를 기준으로 할 때보다 꽤 높은 가격에 사게 되므로 그만큼 매도할 때 이익이 적어진다.

7
장

실전 주가 추세 분석

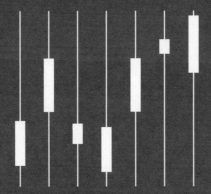

지금까지의 내용을 복습하는 의미에서 퀴즈를 내겠다. 다음에 제시하는 국면에서 매수·매도가 적절한 시점인지 아닌지를 생각해보자.

〈문제 1〉 기본 매수 시기

〈그림 7-1〉 SUMCO 일봉차트

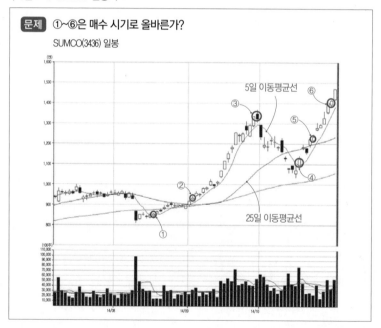

〈해답〉

① △~○

저가에서 조금 상승한 지점에서의 매수다. 아직 하락 추세이므로 최고의 시점이라고 말할 순 없지만 저가 붕괴 시 손절매를 원칙으로 한다면 저가 매수에 성공한 셈이다. 이 사례에서는 이후 주가가 상승하여 여기에서의 매수가 성공적으로 밝혀지지만, 이것은 어디까지나 결과론이다. 저가(809엔)가 붕괴되면 손절매를 해야 한다는 점을 잊지 말아야 한다.

② ◎

주가 추세 분석으로 볼 때 최고의 매수 시기다. 주가가 저가에서 상승하여 상승 추세로 전환된 직후의 매수는 ①보다 낮은 리스크로 충분히 저가권에서 매수한 것이다.

③ △

상승 추세 도중에 매수한 것이므로 잘못된 시점이라고는 말할 수 없지만, 주가와 25일 이동평균선 간 이격이 크기 때문에 손절매를 할 경우 손실률이 높아진다는 점에서 좋은 시점이 아니다. 실제 25일 이동평균선 붕괴 시 손절매를 한 경우, 매수가에서 약 20%나 하락한 후가 된다. 그러므로 이때는 25일 이동평균선 붕괴를 기다리지 않고 예컨대 매수가에서 10% 하락이나 5일 이동평균선 붕괴 시 손절매를 해야 한다. 이처럼 매수가를 기준으로 손절매 가격을 설정해야만 하는 경우는 그다지 좋은 매수 시점이라고 할 수 없다.

또한 여기는 일단 천장이 됐지만 천장에서 매수하게 된 것은 결과론이니까 별로 문제가 되지는 않는다. 물론 이런 시점에서의 매수가 천장 매수가 되기 쉽다고 말할 수도 없다. ③에서 매수할 거라면, 차라리 ②와 ③ 사이 조금 낮은 곳에서 매수하는 것이 낫다고 생각한다.

④ △

눌림목 매수로, 그랜빌의 법칙에서는 매수 시기로 꼽지만 별로 좋은 시점이라고 할 수 없다. 여기서부터 주가가 상승하지 않으면 머지않

〈그림 7-2〉 SUMCO 일봉차트

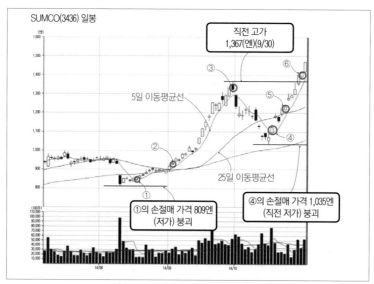

아 명확한 하락 추세가 될 우려가 있기 때문이다. 만약 여기에서 신규 매수를 한 경우 직전 저가인 1,035엔 붕괴 시 손절매해야 한다.

⑤ ◎

주가가 25일 이동평균선 아래로 떨어졌다가 다시 이동평균선을 상향 돌파한 직후 매수다. 눌림목 매수의 전형적인 예다. ④보다 조금 높은 가격에 매수하게 되지만, 그래도 상승 추세로 복귀했음을 확인한 후 매수하는 방법이 안전도가 높다.

⑥ ○

직전 고가(9월 30일 1,367엔)를 넘은 시점에서의 매수다. 시점은 옳지만 직전 고가를 돌파하느라 주가와 25일 이동평균선 간 이격이 조금 커졌기 때문에 손절매할 때 손실이 커질 우려가 있다. 물론 ⑥은 매수 포인트이지만 그 이전에 안전하게 매수할 수 있는 시점(예를 들면 ⑤ 등)에서 매수하는 편이 더욱 좋다고 생각한다.

〈문제 2〉 기본 매도 시기

〈그림 7-3〉 DDS 일봉차트

문제 1. ①(350엔)에서 신규 매수한 주식을 ②~⑤ 시점에서 매도하는 것은 적절한가?
2. ①이 아닌 Ⓐ(1,400엔)에서 신규 매수한 경우 ②~⑤ 시점에 매도하는 것은 적절한가?

※ 단, ③과 ⑤ 시점에서는 주봉차트상 상승 추세가 유지되고 있다.

DDS(3782) 일봉

〈해답 1〉

② 적절하다

상승 기점은 2월의 201엔으로, 3개월 만에 7배 이상 상승한 후 주가 차트가 역V자형이 되어 천장을 찍을 가능성이 커진 것이 ② 시점이다. 또한 주가가 25일 이동평균선 아래로 떨어지지 않았으므로 여기에서 무리하게 전량을 매도할 필요는 없다고 생각한다. 저가에서의 상승률, 매수가에서의 상승률, 주가 차트 모양을 보고 판단하여 보유주를 일부 매도하는 시점으로 적절하다.

③ 적절하다

주가가 25일 이동평균선 아래로 떨어진 직후로 매도 시기의 하나다. 단 아직 25일 이동평균선 자체가 상향이므로 주봉차트에서는 아직 상승 추세일 것이다. 또한 매수가가 저렴하기 때문에 미실현 이익이 크다고 생각하면 여기에서는 일부만 매도하거나 지나치는 방법도 있다. 이 경우 주봉차트를 체크하여 주가가 13주 이동평균선 아래로 내려갔다면 일부 매도를 한다. ③ 시점에서 전량을 매도했다면 이후 주가가 다시 25일 이동평균선을 넘은 시점에 필요에 따라 재매수를 검토하면 된다.

④ 적절하지만 현실적으로는 어렵다

④는 주가의 천장 부근이다. 과거 차트를 보고 '이 시점에서 매도하면 된다'라고 말하는 것은 간단하지만 실제로는 천장을 찍었는지 아닌지는 시간이 지나지 않으면 알 수 없다.

주가는 저가 201엔에서 9배 이상 뛰었으므로 상승 도중이더라도 보유주 일부를 매도하는 것은 괜찮다고 생각한다. 그 결과 우연히 천장 부근에서 매도할 수 있었다면 ④도 썩 나쁘지 않은 매도 시기다.

그러나 전적으로 ④의 시점을 노려 매도하는 것은 실전에서는 거의 불가능하다. 주가가 천장에서 하락하여 천장 형성 시 출현하기 쉬운 주가 차트의 형태가 된 다음 매도하는 것이 현실적인 대응이다.

⑤ 적절하다

주가가 25일 이동평균선 아래로 떨어진 직후로 최고의 매도 시기다. 매수가가 상당히 낮았기 때문에 ③과 마찬가지로 일봉차트가 아닌 주봉차트로 판단하여 주가가 13주 이동평균선을 붕괴할 때까지 보유를 지속하는 전략도 있다. 하지만 이미 저가에서 9배 이상 상승했고, 25일 이동평균선이 붕괴됐으므로 보유주 대부분을 여기에서 매도하는 것이 좋다.

〈해답 2〉

② 적절하다

Ⓐ는 상승 추세 도중이라고는 하나 단기적으로 주가가 급등했고, 주가와 25일 이동평균선 간 이격이 크기 때문에 그다지 적절한 매수 시기는 아니다. 따라서 이 시점에서 매수한 경우에는 매수가의 10% 이하로 떨어지면 손절매를 하는 등 25일 이동평균선 붕괴 이외의 손절매를 실행하여 손실이 확대되는 것을 막을 필요가 있다. ②는 매수가에서 10% 이상 하락한 시점이며, 주가가 5일 이동평균선 아래로 떨어졌고, 심지어 주가 차트 모양도 역V자형이 되어 천장 가능성을 보이

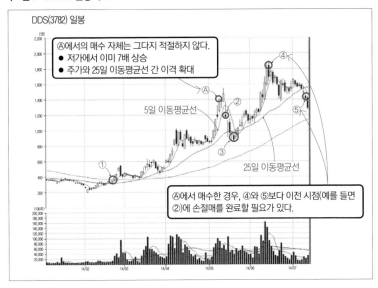

〈그림 7-4〉 DDS 일봉차트

고 있다. 그러므로 이 시점에서 손절매를 하는 것이 적절하다고 할 수
있다.

③ 적절하지 않다

25일 이동평균선 붕괴를 기다려 손절매를 하면 손실률이 높아지기
때문에 바람직하지 않다.

④ 적절하지 않다

④까지 기다리면 매수가를 넘어 매도할 수 있지만 이것은 결과론이
다. 매수 후 주가가 25일 이동평균선 아래로 떨어지거나 매수가에서

10% 이상 하락하면 일단 손절매해야 한다. 그런 다음 다시 매수 시기를 기다리는 것이 현명하다.

⑤ 적절하지 않다

④와 마찬가지로 이보다 앞의 시점에 이미 손절매가 완료되어야 한다. 여기에서의 매도는 적절하지 않다.

〈문제 3〉 IPO주 매매 시점

〈그림 7-5〉 이그니스 일봉차트

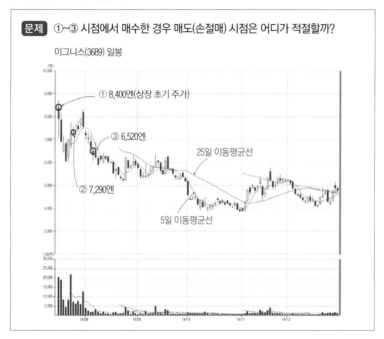

문제 ①~③ 시점에서 매수한 경우 매도(손절매) 시점은 어디가 적절할까?

이그니스(3689) 일봉

① 8,400엔(상장 초기 주가)

③ 6,520엔

② 7,290엔

25일 이동평균선

5일 이동평균선

〈해답〉

상장하고 한동안은 주가 차트가 그려지는 기간도 짧고 25일 이동평
균선도 그려지지 않는다. 주가 추세 분석으로 매매 시점을 판단할 수
없기 때문에 다른 방법으로 매매 시점을 결정해야 한다. 어떻게 해서
든 지금 당장 그 종목에 투자하고 싶은 것이 아니라면, 상장하고 시간
이 좀 지나 25일 이동평균선을 그릴 수 있을 때까지 기다리는 편이 매

매 시점을 찾기가 훨씬 쉽다.

①은 상장 초기 주가에서의 매수다. 하지만 상장 직후는 가격이 수요에 크게 영향을 받아 형성되기 때문에 별다른 근거 없이 일단 높게 설정되는 경우가 많다. 그 때문에 상장 직후가 고가가 되고 거기서부터 장기간 하락을 지속하는 사례도 드물지 않다. 펀더멘털 분석에 상당히 자신이 있고 상장 초기 주가가 확실하게 저렴하다고 판단한 경우를 제외하고는 상장 초기 매수는 위험하기 때문에 이 선택지는 배제하는 것이 현명하다. 만약 ①에서 매수했는데 주가가 하락한 경우에는 매수가에서 10% 하락한 시점에 손절매하는 수밖에 없다.

②는 상장 직후 주가가 일시적으로 크게 하락하여 조금 반등한 시

〈그림 7-6〉 이그니스 일봉차트

점이다. 5일 이동평균선은 그려져 있으므로 5일 이동평균선 붕괴 시 매도(또는 손절매)하는 것이 하나의 방법이다. 또는 매수가에서 20% 가까운 손실도 받아들일 수 있다면 주가가 직전 저가인 6,030엔 아래로 내려가면 손절매하는 방법도 있다.

③은 두 번째 천장에서 반락하여 다시 직전 저가인 6,030엔에 접근한 시점이다. 주가가 이미 5일 이동평균선 아래로 내려갔기 때문에 직전 저가 6,030엔이 붕괴되면 손절매한다.

〈문제 4〉 급등주에 편승했을 때 매도 시기

〈그림 7-7〉 아카사리켄 일봉차트

문제 1. 주가가 갑자기 상승하여 연일 장 시작과 함께 상한가로 직행하는 바람에 전혀 매수를 할 수 없었다. 그러던 어느 날, 드디어 ①에서 장 시작과 함께 매수를 했다. 이것은 매수 시기로 잘못된 것일까?

2. 이후 주가는 상승을 지속하고 있다. ②에서 추가 매수를 했는데 이것은 매수 시기로 적절할까?

3. ②에서 추가 매수를 한 다음 날 언제나처럼 대폭 상승으로 시작하리라고 생각했는데 갑자기 급락하여 장대음봉이 나타났다. 단기간에 급등한 다음의 장대음봉이므로 ②에서 매수한 수량은 다음 날 장 시작과 함께 ③에서 매도했다. 이 판단은 올바른 것일까?

4. ①에서 매수한 수량은 매도하지 않고 남겨두었지만 마침내 주가가 25일 이동평균선 아래로 떨어졌기 때문에 ④에서 손절매를 했다. 한때는 매수가의 3배 가까이 상승했었지만 결국 이익은커녕 손절매를 했는데 ④ 시점의 손절매는 적절한가?

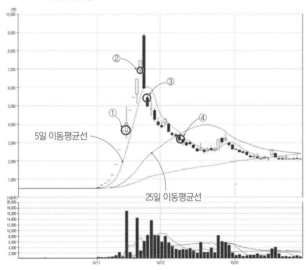

아카사리켄(5724) 일봉

5일 이동평균선

25일 이동평균선

〈해답 1〉

적절한 시점이라고 말하기 어렵다

주가가 25일 이동평균선 위에 있고 25일 이동평균선 자체도 상승하고 있으므로 ①은 상승 추세 도중에서의 매수다. 확실하게 상승 추세 도중이라면 기본적으로 언제 매수해도 좋지만 무슨 일이든 한도는 있다. ① 시점은 그 전날까지 상한가가 무려 8일 동안 연속됐고 주가와 25일 이동평균선 간 이격도 수백 퍼센트에 이르는 등 몹시 비정상적인 상황이다. 여기서부터 주가가 2배 이상 상승했지만 그것은 결과론이다. ① 시점에서의 매수는 리스크가 몹시 크다는 것을 명심해야 한다.

〈해답 2〉

적절한 시점이 아니다

① 시점이 이미 적절하다고 말하기 어렵기 때문에 거기서부터 더 주가가 상승한 ② 시점은 더더욱 적절하지 않다. 주가가 단기간에 크게 상승한 경우 참지 못하고 매수해버리길 반복하면 언제가 치명적인 손실을 보게 될지도 모른다.

〈해답 3〉

적절한 판단이다

주가가 급격히 상승하여 마치 쇠망치로 못을 박은 것처럼 엄청난 길이의 장대음봉이 나타났다. 앞서 설명한 상승장악형의 출현이다. 봉의 이런 조합에서는 주가가 천장을 찍을 가능성이 커진다.

그리고 ②는 매수가에서 10% 이상 하락했고 ③ 시점에서는 주가가 5일 이동평균선 아래로 떨어졌으므로 손실이 이 이상 확대되는 것을 방지하기 위해 신속하게 손절매를 한 것은 올바른 판단이다. 이 손절매가 발생한 근본적인 요인은 ②에서 신규 매수를 했기 때문이다. 불필요한 손실을 피하기 위해서는 매수 시기가 매우 중요하다.

〈해답 4〉

적절한 판단이다

〈그림 7-8〉 아카사리켄 일봉차트

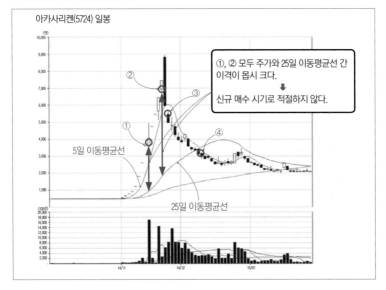

물론 주가가 단기간에 매수가에서 크게 상승했으므로 욕심내지 않고 일부를 매도할 수도 있다. 매수가가 원래 높았으므로 단기에 치고 빠진다고 생각해 ③에서 일부 매도를 하는 것이 이상적이다. 하지만 매도 시기를 놓친 경우에는 주가가 25일 이동평균선 아래로 떨어진 ④에서는 확실하게 손절매를 해야 한다.

④에서 손절매를 하는 이유 역시 ①에서 꽤 고가에 매수했기 때문이다. 고가에서의 매수는 실패할 가능성이 크다는 사실을 잊지 말아야 한다.

〈문제 5〉 악재에 따른 주가 급락 시의 대응

〈그림 7-9〉 스미토모상사 일봉차트

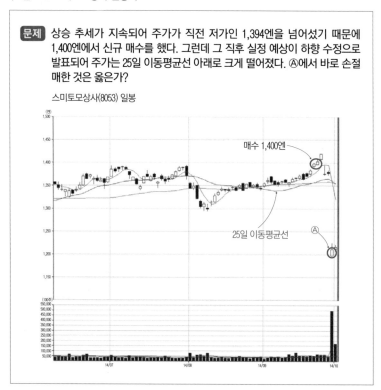

문제 상승 추세가 지속되어 주가가 직전 저가인 1,394엔을 넘어섰기 때문에 1,400엔에서 신규 매수를 했다. 그런데 그 직후 실정 예상이 하향 수정으로 발표되어 주가는 25일 이동평균선 아래로 크게 떨어졌다. Ⓐ에서 바로 손절매한 것은 옳은가?

스미토모상사(8053) 일봉

매수 1,400엔

25일 이동평균선

Ⓐ

〈해답〉

Ⓐ에서 바로 손절매해야 한다

주가 추세 분석에서는 주가가 이동평균선 아래로 떨어지면 하락 추세로 전환될 가능성이 농후한 시점이므로 바로 손절매를 한다. 때에 따라서는 돌발적인 악재나 실적 예상을 하향 수정하는 것과 같은 이유로 주가가 급락하여 이동평균선 아래로 크게 떨어진 가격에 매도해야만 하는 경우도 있다. 그럼에도 주가가 하락 추세로 전환될 가능성이 농후한 경우, 주가 급락으로 손실이 더 커질 수 있으므로 우선 손절매를 해야 한다. 손실이 이 이상 확대되는 것을 방지하는 것이야말로 가장 중요한 점이기 때문이다.

그리고 주가가 이동평균선 아래로 크게 하락한 경우, 매도 후 재매수 시기도 생각해야 한다. 원칙은 주가가 다시 이동평균선을 넘어 상승 추세가 될 때인데, 이후의 주가 움직임에 따라 매도했던 때의 가격보다 꽤 높은 가격에 재매수를 해야 할 때도 있다.

다만, 악재가 주가에 미치는 영향 또는 주식시장의 상황에 따라 악재가 발표된 다음 날 개장 직후 주가가 가장 저렴하고 거기서부터 반등하는 일도 적지 않다. 그렇다 하더라도 일단 손절매를 해야 하고, 이후 다시 주가가 이동평균선을 상향 돌파하길 기다려 재매수하는 방법이 상책이다. 그 외에는 다음과 같은 방법을 생각할 수 있다.

첫째, 악재 발표 직후 반등할 때 재매수한다. 악재 발표로 주가가 25일 이동평균선 아래로 떨어지면 보유주를 우선 매도한다. 그리고 매도 후 주가가 반등할 것 같으면 직전 저가 붕괴를 손절매 가격으로 하여 재매수한다.

둘째, 악재 발표 직후의 매도는 일단 보류한다. 우선 악재 발표 직후의 매도는 보류하고 주가 흐름을 살핀다. 악재 발표 직후 찍은 저가보다 내려가지 않는 한 보유를 지속하고 내려가면 매도한다.

이를 〈문제 5〉에 적용해보자(〈그림 7-10〉). 첫 번째 방법이라면 Ⓐ의 첫 거래에서 일단 매도한 후 약간 반등한 다음 날인 Ⓑ에서 재매수한다. 하지만 이후 저가 아래로 떨어졌기 때문에 손절매를 해야 했다. 그리고 두 번째 방법이라면 Ⓐ의 하락을 그대로 지켜본다. 이 역시 이후 저가 아래로 떨어졌기 때문에 그 시점에서 손절매를 해야 했다.

다시 상승 추세로 돌아서기를 기다려 매수하는 이 두 가지 방법이 어느 정도 유효한지는 그때의 주가 변동에 따라 다르기 때문에 확실

〈그림 7-10〉 스미토모상사 일봉차트

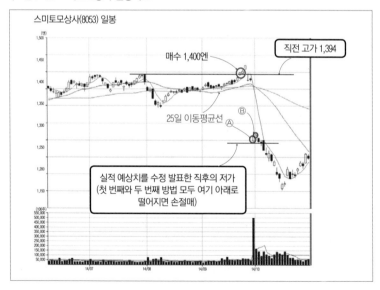

하게 말할 수는 없다. 이 사례에서는 어느 쪽도 결국에는 잘 되지 않았다.

나는 손실을 최대한 줄이는 것을 무엇보다 중요시하므로 일단 매도한다. 그런 다음 필요에 따라 첫 번째 방법을 선택한다. 두 번째 방법은 악재 발표 이후 주가가 하락을 멈추지 않을 때 손실이 커질 우려가 있기 때문이다.

〈문제 6〉 저항대를 넘어선 직후 주가 하락에 대한 대응

〈그림 7-11〉 SRG다카미야 일봉차트

문제 1월에 찍은 고가(저항대) 882엔을 넘어선 가격에 미리 역지정 매수 주문을 설정해두었는데 호재 발표로 주가가 급등하여 12월 1일 첫 거래에서 ①의 985엔에 매수 주문이 체결됐다. 그런데 그다음 날 주가는 크게 하락하여 매수가에서 10% 이상 하락했다. 다음 날 장 시작과 함께 바로 손절매하는 것이 좋은가?

SRG다카미야(2445) 일봉

장 시작과 함께 985엔에 매수 ①

25일 이동평균선

〈해답〉

손절매가 원칙이지만 이동평균선 붕괴와 직전 저가 붕괴를 기다려도 괜찮다

전고점을 넘기는 것은 신규 매수의 중요 포인트 중 하나다. 그렇지만

거기에 도달하기까지 이미 주가가 크게 상승한 상태인 경우가 많기 때문에 더 오를 것으로 예상하고 고가에 매수하는 것은 위험하다. 또한 주가와 이동평균선 간 이격률이 높아졌기 때문에 이동평균선 붕괴 시 손절매할 경우 손실률이 높아질 우려도 있다.

이 문제에서도 저항대(1월의 상장 이후 고가 882엔)를 넘어서 신규 매수를 한 다음 날 주가가 크게 하락해 매수가로부터의 하락률이 10%를 넘었다. 이런 경우 다음 날 장 시작과 함께 손절매는 기본이다. 그러나 우연히 주가가 높게 시작해버렸기 때문에 매수가에서 10% 이상 내려가긴 했지만 주가는 아직 상승 추세를 유지하고 있다. 이럴 때는 손절매를 회피하는 방법을 검토해볼 여지가 있다.

우선, 25일 이동평균선 붕괴 시 손절매하는 방법이다. 25일 이동평균선 붕괴를 기다려 손절매하는 경우 매수가에서 손실률이 20%를 넘어버리지만, 자신의 자금 운용상 허용 가능한 범위라면 이때까지 손절매를 기다려도 좋다.

또 985엔에 신규 매수를 한 12월 1일 봉을 보면 종가가 저가보다 조금 높게 끝났다. 여기에서 그날의 저가ⓐ를 직전 저가라고 생각하고 직전 저가 붕괴 시 손절매를 하거나 역지정가 매도 주문을 설정해둔다. 그다음 날 이후 주가가 직전 저가 아래로 내려가지 않는 한 보유를 지속한다. 이 문제의 사례에서는 다음 날 이후 주가가 직전 저가 아래로 떨어지지 않고 상승으로 전환되어 손절매를 회피할 수 있었다.

그리고 고가 매수의 위험도 있으므로 호재 발표 직후 ①에서의 매수는 보류하고 그다음 눌림목을 노려 신규 매수를 하는 방법도 생각할 수 있다.

이 사례에서는 예를 들면 ② 시점에 신규 매수를 한다. 이 경우 손절매는 Ⓐ의 직전 저가 붕괴나 25일 이동평균선 붕괴 시로 기준을 잡는다. ①보다 저렴하게 매수하는 경우 하락률을 기준으로 한 손절매를 회피할 가능성도 커졌고 손절매를 하더라도 손실을 줄일 수 있다. 때에 따라 눌림목을 만들지 않고 상승해버려 매수 시기가 오지 않을지도 모르지만 그럴 때는 인연이 없다고 생각하고 포기하자.

〈그림 7-12〉 SRG다카미야 일봉차트

〈문제 7〉 하락 추세에서의 신규 매수

〈그림 7-13〉 ULVAC 일봉차트

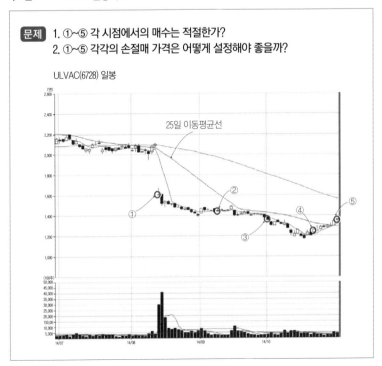

문제 1. ①~⑤ 각 시점에서의 매수는 적절한가?
2. ①~⑤ 각각의 손절매 가격은 어떻게 설정해야 좋을까?

ULVAC(6728) 일봉

25일 이동평균선

〈해답 1〉

① 적절하다고 할 수 없다

② 매수 시기의 하나라고 할 수 있다

③ 적절하다고 할 수 없다

④ 매수 시기의 하나라고 할 수 있다

⑤ 적절하다

〈해답 2〉

① 매수가에서 10% 하락했을 때 손절매

② 직전 저가(Ⓐ)보다 내려갔을 때 손절매

③ 매수가에서 10% 하락했을 때 손절매

④ 직전 저가(Ⓑ)보다 내려갔을 때 손절매

⑤ 25일 이동평균선 아래로 내려갔을 때 손절매

　신규 매수는 주가가 상승 추세에 있을 때 하는 것이 원칙이다. 하지

〈그림 7-14〉 ULVAC 일봉차트

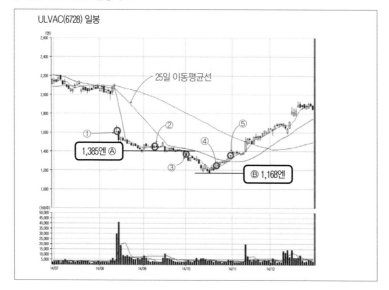

만 주가가 단기간에 크게 하락한 경우 등 상승 추세로 전환되기를 기다리지 않고 하락 추세 상태에서 신규 매수를 하는 일도 있다. 단 매수 시기와 손절매는 더욱 엄격하게 판단해야 한다. 하락 추세에서의 매수 시기는 '적절한 손절매를 실행할 수 있는가'로 판단하면 된다. 손절매의 우선순위는 '25일 이동평균선 붕괴 → 직전 저가 붕괴 → 매수가로부터의 하락률'이다.

⑤는 25일 이동평균선을 넘어선 직후로 상승 추세이므로 '25일 이동평균선 붕괴'에서 손절매한다. 하락 추세에 있을 때의 매수는 '25일 이동평균선 붕괴'를 사용할 수 없으므로 ②와 ④에서는 '직전 저가 붕괴'를 사용한다. 그리고 ①과 ③ 등 직전 저가 자체가 존재하지 않는 경우에는 어쩔 수 없이 '매수가로부터 10% 하락 시 손절매'를 한다.

매수 시점으로는 ②와 ④가 ①과 ③보다 적절하다. 손절매를 실행할 수 있기 때문이다. 하락 추세에서 매수를 한다면 '매수가로부터의 하락률'을 기준으로 한 손절매'를 사용하지 않아도 될 만한 시점에서 매수하는 것이 낫다. 결국 이 문제에서는 상승 추세로 전환되기를 기다려 매수하는 것보다 저렴하게 매수할 수 있는 것은 ④ 시점뿐이다. 하락 추세에서의 매수는 리스크가 크기 때문에 권할 만하지 않다.

〈문제 8〉 최고가 경신 후 주가 하락에 대한 대응

〈그림 7-15〉일본오라클 일봉차트

문제 5월 25일 고가 4,770엔을 초과하여 설정해둔 역지정 매수 주문이 ①에서 체결되어 4,780엔에 신규 매수를 했다. 그런데 이후 바로 주가가 하락으로 전환되어 25일 이동평균선 아래로 떨어져버렸다. ②에서 손절매를 했는데, 이 판단은 옳은 것일까?

일본오라클(4716) 일봉

〈해답〉

올바른 판단이다

직전 고가 돌파는 상승 추세가 지속된다는 것을 나타내기 때문에 중요한 매수 시기가 된다. 그런데 한편으로는, 직전 고가를 돌파할 때 이미 주가가 크게 상승하는 경우가 많아 손절매 대응이 어려운 면도 있다. 여하간 직전 고가 돌파의 경우도 주가가 25일 이동평균선 아래로 내려왔을 때 손절매하는 것이 원칙이다. 주가와 25일 이동평균선 간 이격이 크고 25일 이동평균선 붕괴 시 손절매를 하면 손실률이 높은 경우라면 직전 저가 붕괴 시 손절매 또는 매수가로부터 10% 정도 하락 시 손절매를 할 수도 있다.

이 문제의 경우 매수가에서 25일 이동평균선까지의 거리가 그렇게 멀지 않기 때문에 25일 이동평균선 붕괴 시 손절매를 한다.

주가는 언젠가, 어딘가에서는 천장을 찍고 하락으로 전환되기 마련이므로 직전 고가 돌파 시 매수를 계속하면 언젠가는 손절매를 해

〈그림 7-16〉 일본오라클 일봉차트

야만 하는 순간이 온다. 물론 주식시장 전체가 약세일지라도 이 사례처럼 개별 종목이 직전 고가를 넘어 바로 상한가에 도달하는 경우도 드물지 않다. 하지만 직전 고가 돌파 시 매수를 반복하기보다는 상승 추세로 전환된 직후나 주가와 이동평균선 간 이격이 크지 않을 때 매수하고자 노력해야 한다. 그래야 최소한의 손실로 손절매를 할 수 있으며, 손실을 방어하면 수익을 키울 수 있기 때문이다.

〈문제 9〉 박스권 상단 돌파 후 급락하는 경우

〈그림 7-17〉 Rengo 일봉차트

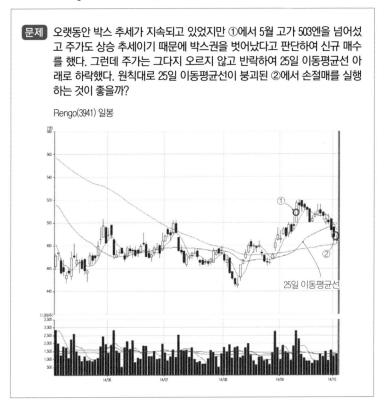

> **문제** 오랫동안 박스 추세가 지속되고 있었지만 ①에서 5월 고가 503엔을 넘어섰고 주가도 상승 추세이기 때문에 박스권을 벗어났다고 판단하여 신규 매수를 했다. 그런데 주가는 그다지 오르지 않고 반락하여 25일 이동평균선 아래로 하락했다. 원칙대로 25일 이동평균선이 붕괴된 ②에서 손절매를 실행하는 것이 좋을까?

Rengo(3941) 일봉

〈해답〉

②에서의 손절매가 원칙이지만 박스 하한인 443엔이 붕괴될 때까지 손절매를 보류하는 것도 괜찮다

박스 추세와 삼각형 패턴이라고 하는 보합 추세를 벗어났다고 생각

했는데, 주가가 상승하지 않고 보합 추세로 되돌아오는 것은 드문 일이 아니다. 이 경우에도 손절매는 '25일 이동평균선 붕괴 → 직전 저가 붕괴 → 매수가로부터의 하락률'의 우선순위로 실행한다.

단, 보합 추세는 좁은 범위 내에서 주가가 움직이는 일이 많아 단순히 25일 이동평균선 붕괴 시 손절매를 하면 '이동평균선 상향 돌파 시 매수 → 이동평균선 붕괴 시 손절매'를 반복하게 된다.

여기에서 손실이 지나치게 커지지 않는다면 주가가 박스 추세의 하단보다 아래로 내려갈 때까지 손절매를 지연하는 방법도 있다. 이 질문의 경우 박스 하단은 443엔이고 매수가로부터의 하락률은 12% 정도다. 이것을 허용할 수 있다면 ②에서 손절매를 보류해도 좋다고

〈그림 7-18〉 Rengo 일봉차트

생각한다.

박스 추세에서는 25일 이동평균선을 고집하지 말고 박스의 상단을 넘으면 매수, 하단을 무너뜨리면 매도하는 방법을 사용하자. 아니면 아예 느긋하게 보유하는 편이 손절매를 반복하느라 불필요한 손실을 키우는 걸 방지할 수 있다.

〈문제 10〉 손절매 직후 급반등하는 경우

〈그림 7-19〉 패스트리테일링 일봉차트

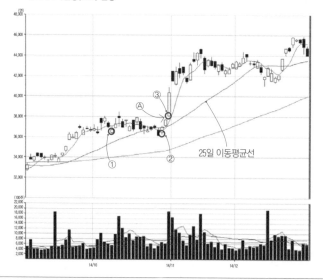

문제 상승 추세 도중인 ①에서 신규 매수를 했지만 얼마 후 25일 이동평균선이 붕괴됐기 때문에 ②에서 손절매를 했다. 그런데 손절매 직후부터 주가가 상승하기 시작해 다시 이동평균선을 넘었다(현재 주가 위치는 Ⓐ). 다음 날 첫 거래인 ③에서 재매수를 할지 고민하고 있다.
1. ③은 재매수하기에 올바른 시점일까?
2. ②에서 손절매를 하지 않았다면 주가 상승을 누릴 수 있었다. ②에서 손절매하기로 한 판단이 틀린 것은 아닐까?

패스트리테일링(9983) 일봉

25일 이동평균선

〈해답 1〉

③은 재매수 시기로 옳다

일반적으로 주가가 25일 이동평균선을 붕괴한 다음 다시 이동평균선을 넘은 경우, 상승 추세로의 복귀가 확인됐다고 볼 수 있다. 25일 이동평균선 붕괴 시 보유주를 매도 또는 손절매했다면 그 시점에서 재매수하면 된다. 이 문제에서의 ③은 재매수 시기로 옳다.

〈해답 2〉

②에서의 손절매는 틀리지 않았다

② 시점에서는 주가가 25일 이동평균선 아래에 있지만 이동평균선은 아직 상향이다. 그래서 이동평균선이 하향할 때까지 손절매를 하지 않고 좀더 지켜본다는 선택지도 있다. 하지만 이동평균선 자체가 아직 상향일지라도 손실이 이 이상 확대되는 것을 방지하고자 한다면 손절매를 해야 한다.

나는 이동평균선 붕괴 시 손절매하는 것이 바람직하다고 생각한다. 그 결과 주가가 바로 반등하여 손절매 가격보다 높은 주가에 재매수를 하게 된다고 해도 그것은 손실 확대를 억제하기 위한 비용이라고 생각하는 것이 중요하다.

이 문제처럼 바로 반등하면 문제없지만 주가가 이동평균선을 하향 돌파하고 하락을 지속하는 사례도 많다. 손절매를 필요로 하는 상황이 되면 '바로 반등할지도 모르니까 조금 지켜보자'라고 생각하지 말고 우선 손절매를 해야 한다. 그런 다음 어떻게 할지는 이후 주가 변동을 보고 결정하면 된다.

그리고 재매수를 할 때는 ③ 시점처럼 주가가 다시 25일 이동평균

〈그림 7-20〉 패스트리테일링 일봉차트

패스트리테일링(9983) 일봉

25일 이동평균선

선을 넘어서 상승 추세로 회복된 직후에 해야 한다. 재매수를 할지 말지 망설인 끝에 ⓧ처럼 꽤 상승한 다음 재매수를 하는 것은 좋은 방법이 아니다. 일단 손절매를 한 후에도 어떤 조건에서 재매수를 할지 미리 정해두는 것이 좋다.

〈문제 11〉 단기적인 급상승에 대한 대응

〈그림 7-21〉 아플릭스IP홀딩스 일봉차트

문제 상승 추세로 진입한 직후 ①에서 신규 매수를 했는데 그다음 날 주가가 급상승하여 매수가로부터 30%나 올랐다. 그런데 곧바로 반락하여 이후 25일 이동평균선마저 붕괴했으므로 ②에서 손절매했다. 거래시간 중에는 주가를 볼 수 없으니 매수가에서 30% 정도 올라간 가격에 미리 매도 주문을 넣어두는 것이 좋았을까?

아플릭스IP홀딩스(3727) 일봉

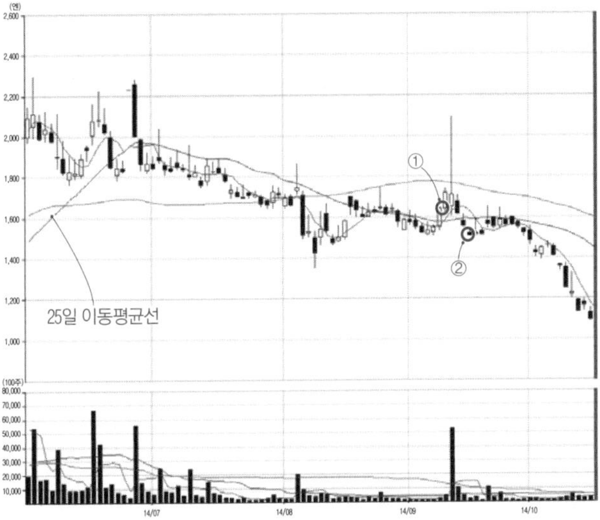

25일 이동평균선

〈해답〉

30%의 이익으로 충분히 만족한다면 미리 매도 주문을 해두는 것이 좋지만, 일반적으로는 포기해야 한다

이 질문처럼 주가가 단기간에 급상승하여 바로 상한가까지 직행하는

것은 드문 일이 아니다. 이때 중요한 것은 '자신이 어느 정도의 이익을 추구하는가'이다. 만약 매수가에서 30%나 상승했으니 충분히 만족한다면 미리 매도 주문을 넣어두어도 될 것이다.

하지만 나는 매수가에서 30% 정도의 상승은 기본적으로 만족하지 않는다. 주가 추세 분석의 가장 뛰어난 점은 주가가 상승 추세에 있는 한 보유를 지속하여 이익을 계속 늘릴 수 있다는 것이다. 매수가에서 주가가 2배, 3배가 되는 것은 전혀 드문 일이 아니다. 시장 환경이 좋다면 10배 이상이 되는 경우도 있다.

또한 이 문제의 경우 손절매를 평균 5% 정도로 정해둔다면 손절매 시 손실 5%, 매도 시 수익 30%가 된다. 부담하는 리스크에 비해 돌아

〈그림 7-22〉 아플릭스IP홀딩스 일봉차트

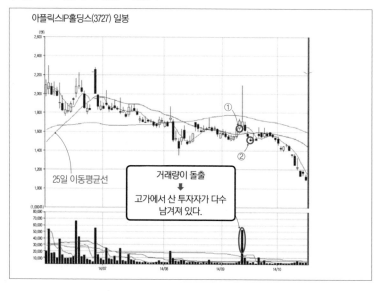

오는 것이 높지 않다는 느낌이다. 따라서 나는 '단기간의 급등 → 급락'은 불규칙한 사례로 보고 무시한다. 그래도 단기간에 주가가 3배, 5배가 되면 보유주 일부 매도를 검토하지만 20~30% 정도의 상승에서는 특별히 아무런 행동도 하지 않는다.

그것보다 주의해야 하는 것은 단기간의 주가 급등으로 거래량이 급증했다는 점이다. 이 문제의 사례에서도 주가가 급등하여 긴 위꼬리를 만든 날 거래량이 폭증했다. 즉 고가에서 매수한 투자자가 많이 남겨진 것을 알 수 있다. 이렇게 되면 원금 회복을 기다리는 매도에 막혀 상승이 요원해진다. 앞으로 상당히 강한 매수 수요가 유입되지 않는 한 이 고가를 넘기는 어렵다. 앞서도 말했듯이, 이렇게 주가가 상승하기 어려운 상태가 되어버린 종목을 무리하게 따라가는 것보다는 다른 종목을 찾는 편이 투자 효율 측면에서 바람직하다.

추세와 친구가 되라

주식을 매매하는 관점에는 크게 추세 매매와 역추세 매매 두 가지 방법이 있다. 간단하게 말하자면 주가 추세를 따르는 매매가 추세 매매, 주가 추세를 거스르는 매매가 역추세 매매다. 예를 들어 주가가 하락을 지속하고 있을 때는 당연히 하락 추세다. 이때 추세와 상관없이 매수하는 것이 역추세 매매, 주가의 하락이 멈출 때까지 기다리는 것이 추세 매매다.

역추세 매매를 하는 이유는 '저렴하게 사고 싶기 때문'이고, 추세 매매를 하는 이유는 '지금부터 주가가 더 상승할 것 같기 때문'이다. 이것만 보면 역추세 매매는 저렴하게 사기 위해 이성적으로 판단하는 듯하고, 상승할 것 같아서 매수하는 추세 매매는 왠지 감정적인 판단이 들어간 것 같아서 옳지 않게 느껴질 수도 있다.

확실히 추세 매매는 주가가 상승하고 있을 때 매수를 진행하기 때문에 고가에 사게 될 위험성이 있다. 감정에 휩쓸려서 주가가 급상승하고 있는 종목에 뛰어들어 고점에서 물리는 사람이 적지 않은 것도 사실이다. 하지만 그것은 추세 매매가 틀렸기 때문이 아니라 매매 시가가 나빴을 뿐이다. 매매 시기를 제대로 잡고 손절매 기준도 적절히 설정한다면 추세 매매는 역추세 매매보다 훨씬 더 안전한 방법이다.

'주가 추세 분석을 기초로 하는 매매'를 한다면 추세 매매를 하면서 심지어 저렴하게 매수할 수도 있다. 추세가 하락에서 상승으로 전환된 직후에 매수하면 되기 때문이다.

사실 개인 투자자 대부분은 역추세 매매를 한다. 그리고 개인 투자자의 90%는 만족하는 투자 성과를 올리지 못한다. 이 두 가지 사실에서 '개인 투자자는 역추세 매매로는 좋은 성과를 낼 수 없다'라는 점을 알 수 있다.

왜 역추세에서는 수익을 내기가 어려울까?

주가가 하락 추세에 있을 때 매수하기 때문이다. 하락 추세에 있는 동안에는 더 내려가기 쉬운 것이 주가의 성질이다. 그러므로 매수하자마자 바로 손실이 생기게 된다. 여기에서 손절매를 하지 않고 물타기 매수를 한다면 보유주만으로도 투자금이 바닥을 보이게 되고, 진짜 기회가 와도 매수할 자금이 없는 상황에 처하게 된다.

반대로, 주가는 상승 추세에 있는 동안에는 더 올라가기 쉽다. 매수 이후 주가가 어느 정도 상승했다 해서 상승 추세 도중에 매도한다면 그 뒤 주가 상승을 놓치게 된다.

실제로 2012년 11월 이후 아베노믹스에서 주가가 크게 상승하는 동안 개인 투자자들은 매도를 계속했다. 2015년 4월까지 매도액 누계가 16조 엔에 달했다. 여기서 알 수 있는 사실은 대부분의 개인 투자자가 아베노믹스 이전에 산, 주가가 하락하여 손실을 안고 있는 보유주를 계속 매도했다는 것이다. 이제는 원금을 회복했으므로 상승 추세임에도 보유하지 않고 매도한 것이다. 아베노믹스 덕에 오랫동안 손실을 안고 있던 많은 사람이 구제됐지만, 결국 플러스마이너스 제로에서 도망친 것뿐이다. 반면, 주가 추세에 따라 매매하여 아베노믹스 초기 단계에 주식을 산 사람은 큰 이익을 얻었을 것이다.

역추세에서 근거로 삼는 것은 '주가는 장기적으로 보면 상승한다'라는 가정이다. 장기적으로 보면 반드시 상승하므로 주가가 하락한 시점에서 가능한 한 저렴하게 사는 것이 이익을 올리는 비결이 된다. 그런데 일본 주식시장의 경우 장기적인 주가 상승은 버블 붕괴와 함께 막을 내렸다. 버블 붕괴 후에도 주가 하락 국면에서 많은 사람이 역추세인 물타기 매수를 했지만 그 대부분은 버릴 수 없는 계륵처럼 보유주만 늘어난 결과로 끝났다.

장기 상승 추세가 붕괴된 후 하락으로 전환되면 어디까지 내려갈지 누구도 알 수 없다. '떨어지는 칼날을 잡지 말라'라는 유명한 투자 격언처럼, 내려가는 도중의 주식을 사는 일은 떨어지는 칼날을 맨손으로 잡으려는 것만큼 위험한 행동이다. 기업 가치를 비교하여 저평가 상태인 주식을 저렴하게 매수했다고 하더라도 그 주식이 상승하지 않으면 의미가 없다. 실제로 분명히 저렴한데도 주가가 몇 년 동안 상승하지 않는 종목은 흔히 볼 수 있다.

반대로 상승 추세인 종목을 매수한다는 것은 이미 주가가 상승 궤도에 들어섰고, 앞으로도 상승할 가능성이 큰 종목에 투자한다는 것을 의미한다. 자금 효율 면에서 생각해봐도 지금부터 상승할 가능성이 큰 종목을 매수하는 것이 올바른 전략이다.

주식투자에서 가장 중요한 것은 '큰 실패'를 하지 않는 것이다. 상승 추세가 계속되는 도중에 크게 이익을 올린다고 해도 이후 하락 추세에서 이익을 뱉어낸다면 본전도 찾지 못한다. 버블에서 대박이 났어도 버블 붕괴 이후에 자산 대부분을 잃는다면 투자 방법이 근본적으로 잘못된 것이다. 추세를 따라 매매한다면 우선 큰 실패는 피할 수 있다. 그리고 큰 실패를 피할 수 있으면 주식투자로 자산을 착실하게 늘릴 수 있다.

본래 주식투자란 즐거운 것이다. 이 책을 참고하여 큰 실패를 미리 방지하고 주식투자를 더욱 즐겁게, 그리고 성과를 얻으면서 할 수 있기를 바란다.

최적의 매매 타이밍을 잡아내는
주가 차트 읽는 법

제1판 1쇄 발행 | 2018년 12월 24일
제1판 5쇄 발행 | 2024년 9월 3일

지은이 | 아다치 다케시
옮긴이 | 이연희
펴낸이 | 김수언
펴낸곳 | 한국경제신문 한경BP
책임편집 | 노민정
외주편집 | 공순례
저작권 | 박정현
홍보 | 서은실 · 이여진
마케팅 | 김규형 · 박도현
디자인 | 권석중
본문디자인 | 김영남

주소 | 서울특별시 중구 청파로 463
기획출판팀 | 02-3604-590, 584
영업마케팅팀 | 02-3604-595, 583   FAX | 02-3604-599
H | http://bp.hankyung.com   E | bp@hankyung.com
F | www.facebook.com/hankyungbp
등록 | 제 2-315(1967. 5. 15)

ISBN 978-89-475-4431-3   03320